沉思錄

Meditations

馬可斯・奧理略・安東尼努斯
Marcus Aurelius Antoninus 著

柯宗佑 譯

推薦序

《厭世講堂》作者　厭世哲學家

當我大學即將畢業的時候，我在圖書館架上找到羅馬皇帝奧理略的《沉思錄》，此書的副標題是「我與自己的對話」；當時的我正在思索許多人生難題，看到這個標題就立刻被吸引，沒想到讀完後卻覺得有些失望。當時的我是個無神論者，堅定信奉自己的理性思考，故對於此書中屢次出現的「眾神」、「宇宙」、「宿命」、「自然」等詞語，有些不以為然；而且此書並非以系統化的理論語言來呈現，比較像是散漫的隨筆。我覺得這不能算是一本哲學書，應該是類似「勸世良言」之類的心靈雞湯而已吧。

當時的我完全沒想到，我往後人生中的所有遭遇，幾乎都能回頭印證這本書中所說的道理。時隔多年，當我再次捧讀《沉思錄》，竟然對此書中的每字每句都能心領神會，突然覺得奧理略就像是久別重逢的老朋友一樣，我們相視而笑，莫逆於心，共同訴說著彼此對宇宙、對生命的種種體悟。

此書雖看似散漫，宛如隨筆，但若能深入體會，自會發現隱藏的組織脈絡。以我的觀察，本書始於「感謝」，終於「離場」：

甫開篇，作者便逐一感謝他身邊的良師益友，並進而感謝宇宙賜給他的一切。他發現只要聽憑宇宙的安排，全部都會很好，也必然會學到人生所需的所有智慧。正是由於作者懂得向宇宙臣服，以如此謙遜的態度接受宇宙的贈禮，所以才領悟了以下各篇所陳述的道理。

從第二卷以下，作者討論了生死、身心、悲喜、是非、善惡及人際關係等議題，觸及了宇宙與人生的方方面面，並藉由這些議題的探索，回歸到對於「自我」的覺察。說到底，我們之所以要「沉思」，最終目的不過都是要認識自我而已。

於本書終卷，作者揭示了他的沉思結果：與偉大的宇宙相比，我們的「自我」真是無比渺小。如果能放下我們心中對於生死、是非等等根深蒂固的執著，就能將宇宙與人生視為一場大戲；我們的一生就是開開心心地來演戲，戲演完了也開開心心地離場，如此而已，毫無遺憾。

人生，真的就是如此簡單，但只有偉大而成熟的靈魂，才能放下自己的猜疑與不安全感，領會如此簡單的智慧，真正向宇宙臣服，並依照宇宙的指引來過生活。

也許，我們的靈魂一生都難以企及奧理略的高度，無法完全體會此書中的精髓；儘管如此，書中處處閃現智慧的光芒，宛如一把慧劍，亦足以斬斷我們平素的煩惱與執念了。舉個例子來說，當我又不小心沉溺在人群之中，因為他人的喜怒與批評而感到痛苦的時候，只要看到書中的一句：

每個人明明愛自己甚於愛別人，卻總是把別人的想法看得比自己的想法重。

（第246頁）

我的腦袋就會立刻被打醒，從迷失的狀態中找回自己。真是太奇妙了，奧理略雖然是古代的羅馬皇帝，我們的時空有如此大的隔閡，但他的語言卻這麼有力量，總能給迷失的現代人一記當頭棒喝；我想，除了奧理略所「沉思」的就是宇宙人生的真相之外，應該也要歸功於翻譯的功力吧！這一個版本的《沉思錄》，應該是想要接觸這一本古代經典的讀者最佳的選擇。

推薦序

大鼻子哲人　熊仁謙

我熟悉的是南方哲學、或者說「印度哲學」，因此要對一門自己不熟悉的學問或書籍寫專業的推薦序，是不負責的。

然而，畢竟同樣作為「哲學」，不論是東西南北，大家關注的問題八九不離十；特別是印度哲學一向被認為與西方哲學，在思考特定問題上有其同質性。因此，若能從一個「同學」的角度，將我學習相關學科的經驗，來談談本書能夠對讀者帶來的啟發，或許會有些有趣的火花。

本書承繼的思想學派：斯多噶主義，其所推崇的一元論、自然論，讓我想到了印度哲學中的一部鉅作——《薄伽梵歌》，後者描述人類作為大自然的一分子，並無特異獨行於大自然以外的「我」可言；一切問題的根本，來自於我們並沒有這樣的意識，反而扭曲了自我與自然的一體，才產生了各種對立與問題。

如前所說，各方哲學雖然出生的土壤不同、論證的模式不同，但是關注的問題大同小異；換句話說，如果將這個「一元論」的哲學思路，與我們現代人所面臨到的生活問題結合，並將整個討論模式上升到人類的演化過程來看，或許會是個有趣的方法。

數千年來，人類的思想演化有許多途徑，其中一系與我們息息相關的就是「宗教——科學」的發展系統，在這個演化系統中，我們幾乎可以說，人類的角色呈現了一個明確開始爬坡、最後又下跌到毫無價值的過程：在原始社會的萬靈崇拜與多神教時代，人類是宇宙中的一個角色、既非主角也非唯一；但隨著一神教的出現與擴張，人類與一神二者，成為世界上舞台上的主角，也是世界的中心。

但，近代演化論等理論的發展，使人類的地位開始下跌。從神之驕子變成猿類的後代，社會一切圍繞人類的核心道德觀分崩離析，大家變得越來越「悶」；舊有社會中知識分子們所追求的「理想」、「道德」等，在這股潮流中變得不堪一擊。

想想也對，我們不過是猿類的親戚，何必裝模作樣呢？

現代，更多的假說甚至認為，「人類」所扮演的角色不但只是猿類的後代，甚至是最脆弱、完全是為了消耗宇宙熱量而演化出的一種生命體，這使得人類的地位更加下跌：我們的生存能力，連細菌都不如。

概言之，原本被視為「崇高的人性」被剝奪後，下一個問題便是：那我作為一個人類，我的生命到底有何意義呢？

諷刺的是，當人類的「理性人性」被剝奪，我們就開始用本能、情緒這種其他動物都有的「獸性」來生活，因此我們追求各種高大上的物質生活、各種享受與快時尚，我們讓自己用「本能」來反應，反應於害怕被淘汰、反應於希望得到更多，而不是理性地思考：「這是我要的嗎？」

人性的跌落，使得我們只剩下本能一途。

此時，不論是印度或是西方的一元論哲學思想，或許是對我們很大的啟發：儘管我們人類也不過是這個宇宙、這個「真理」中的一顆塵埃，但我們有能力選擇；我們可以不必用本能、用情緒來生活，我們仍然可以保有我們的理性，並用理性去貼近宇宙的真相。

其目的並非去提高自己的「人性」，而是讓自己擺脫扭曲的本能與情緒的勒索，透過理性思辨的訓練，稍稍回到更貼近自然、平靜的狀態。

真正回歸自然的自由，永遠不是「自然」發生，而是透過刻意的練習，方得成就。

目次

第一卷

感謝生命賜予的一切

我從他人的身上，

學到一個人能既堅決又身段柔軟，

且不淪於頤指氣使；

心口如一，所做所為從無惡念；

從不慌張，從不拖延，從不茫然無措或意志消沉，

從不用笑臉遮掩怒氣，也從不激動或多疑……

他的心靈強健到能克制所欲，
又能冷靜到不過分享樂，
這就是靈魂完美且所向無敵的正字標記。

1. 從祖父維魯斯身上[①]，我學到了好的品德及控制自身情緒的能力。

2. 從父親的名聲和對他的追憶當中，我明白了何謂謙遜及男子氣概[②]。

3. 從母親身上[③]，我汲取了虔誠、慈愛、自制的心，使我不但能克制惡行，更能屏除惡念；我還養成了過簡約生活的習慣，不致染上富人豪奢的習氣。

4. 從曾祖父身上[④]，我學到了少出入公立學校、多聘請優秀家教到府教學的道理，也明白在這件事情上要捨得花錢。

5.

從我的家教老師身上，我學到了在競技場觀賞馬車競賽時，既不能偏向藍黨，也不能偏向綠黨，更不能支持競技場上持圓盾或長盾的鬥士；從他身上，我還學會堅持不懈、清心寡欲、事必躬親、不多管旁人的閒事，也不輕信誹謗中傷之語。

6.

從迪歐格內圖斯身上⑤，我學會了不要糾結於瑣事，不要聽信江湖術士口中關於迎神驅魔的說詞；學會了不在爭執中退卻，但也不要沉迷於逞兇鬥狠；學會了接納各方言論；學會了親近哲學；學會了聆聽詩歌節奏，起先學會聽抑揚揚格（Bacchius）音步，再學會聽坦達西斯（Tandasis）及馬奇阿努斯（Marcianus）；學會了在年少時期撰寫文章；學會了主動睡木板床、披獸皮，或遵循其他類似的希臘式生活紀律。

7.

從魯斯迪古斯身上⑥，我明白自己的性格仍須加強、磨練；從他身上，我還學會如何不誤入強詞奪理的歧途，不寫自己不確定的事，不做激勵效果不足的演講，不在人前炫耀自己，不為名聲而行善；學會不沉迷於華麗辭藻、詩歌、書法；學會在家中走動時不著外出服裝，以及諸如此類的事；學會用簡練的筆法寫信，如同魯斯迪古斯在西努薩寫給我母親的信一樣；學會平心靜氣面對用言詞或行動冒犯我的人，假如對方願意談和，即釋出善意；學會仔細讀書，而非止於不求甚解；學會不急著贊同滔滔不絕的人；我衷心感謝他願意分享個人藏書，讓我有機會認識愛比克泰德的語錄。

8.

從阿波羅尼烏斯身上⑦，我學會了何謂自由意志及矢志不移；學會了時時刻刻收斂思緒，專注思考；學會保持泰然自若，無論是否受到劇痛、喪子或久病纏身的折磨；在他身上，我明白看見了一個人能既堅決又身段柔軟，且不淪於頤指氣使；我也看見了一個以透徹的哲學眼光解釋自身經驗與技能，又認為此德行微不足道的人；從他身上，我學會了如何博得友人的好感，既不在朋友間感到自卑，又不將對方視若無物。

9.

從塞克圖斯身上⑧，我習染了樂於助人的氣質、為人父的持家風範，以及順應自然的生活方式；習染了莊重但不造作的態度，學會仔細關照朋友的利益，並容忍愚昧及不經思索便開口評論的人。他擁有讓自己融入人群的能力，與他談話總使人輕鬆自在，勝過任何阿諛奉承；與他來往的人，都對他尊重有加。他擅長發掘並統整必要的生活原則，方法既明智又井然有序；他從不發怒或表現激動情緒，完全不受情緒左右，卻又使人備感親切。他讚許別人時從不張揚，既博學又不賣弄知識。

10.

從文法學家亞歷山大身上⑨，我學會避免吹毛求疵，不責難那些說話粗俗、毫無章法、內容怪異的人；學會巧妙透過回應或確認談話內容，或追究事情本身而不執著字詞，或者提出其他適切建議，來教導他們合宜的表達方式。

11.

從弗龍托身上⑩，我學會觀察暴君散發出的妒意、心口不一和偽善，也明白被稱做貴族的那群人，通常都缺乏慈愛父性。

12\. 從柏拉圖派學者亞歷山大身上，我學會盡量不要，或者若非必要就不對其他人說我沒空，無論是當面還是寫信；學會在身邊的人對我們有所求的時候，不要以自己有急事當藉口拒絕對方。

13\. 從卡圖魯斯身上[11]，我學會了在朋友抱怨時不要冷漠以對，就算對方無理取鬧，也要試圖安撫他的情緒；學會了隨時讚揚師長，如多米提烏斯及阿瑟諾多圖斯帶給大家的印象；學會了真心關愛我的子女。

14\. 從我的兄弟塞維魯斯身上[12]，我學會了愛親人、愛真理、愛正義；因為他的介紹，我才深入認識特拉塞亞、赫爾維狄烏斯、加圖、狄翁、布魯圖斯[13]；從他身上，我學到了國家政體必須打造法律之前人人平等的環境，使所有人享有同等權利及言論自由，且君主應尊重臣民大部分的自由；從他身上，我還學會以堅定不移的毅力學習哲學，並樂於行善、助人、珍惜善念，同時相信自己為朋友所愛；我也發現，他責難人時有話直說，毫不遮掩，對自己的好惡相當坦率，朋友都不必揣測他的心思。

15.

從麥克西穆斯身上[14]，我學會了自律，讓自己心無旁鶩；學會了在所有處境中保持樂觀正向，即使生病亦然；學會讓自己的操守和性格剛柔並濟，不帶怨言完成眼前的任務。我發現，大家都認為他心口如一，所做所為從無惡念；他從不表露自己的驚奇與詫異，從不慌張，從不拖延，從不茫然無措或意志消沉，從不用笑臉遮掩怒氣，另一方面，他也從不激動或多疑。他習於行善，宅心仁厚，真摯坦率；他就像是個渾然天成、未經後天修飾的正人君子。我也發現，從來沒有人覺得自己被麥克西穆斯瞧不起，或自以為比他出色。而且他說話幽默風趣，使人如沐春風。

16.

從我父親身上[15]，我看見了溫和的性情，也看見了透徹思考後的堅毅；他對常人眼中的虛榮無動於衷；做事勤勞有恆心；隨時願意傾聽他人對於公共福利的建議；賞罰分明，態度堅定；透過積極行動和赦罪的經驗汲取知識。我發現，他戰勝了自己的欲望，認為自己無異於一般公民；出國時，不強迫朋友與他共進晚餐或隨行，對於有急事無法陪同的人，他也不會另眼相待。我也發現，他對於所有需要商量的事都會仔細探究，從不懈怠，即使事物乍看已使他心滿意足，他也不會停止探索。他習慣與朋友保持往來，既不讓自己太快感到厭倦，又不至於在關係中熱情過頭；知足常樂，未雨綢繆，好濟弱而不欲人知；對於群眾的頌讚及各種奉承言行，會立刻提高警覺；總是將治理帝國所需的事物放在心上，時時精打細算，遭人指責管理不當時也能耐心包容；不迷信神明，不靠送禮、討好、誇讚尋求人民支持；面對一切事物都能保持清醒，心志堅定，不生惡念，不犯惡行，不標新立異。上天給的豐沛舒適條件，他都能不卑不亢地利用；當他擁有這些事物時，會盡情享用，不會裝模作樣，要是無法擁有，也毫無所求。在別人眼中，他絕對不是詭辯家、油腔滑調的家奴或老學究；人們都認為他是個成熟完美的人，對巧言令色無動於衷，善於管理自己與他人的事務。此外，他敬重真正的哲學家，對於自封哲學家的人，他不但不會非難，也不會被對方牽著走。他談吐從容，總是展現親切隨和的一面，不帶任何侵略性的造作。他既不是過度眷戀性命的人，也不會對個人形象不屑一顧，他會適度而不隨便地照顧自己的身體，由於這樣的慎重態度，他幾乎不必求醫、服藥、塗抹藥膏。凡是有才華的人，譬如論辯、法律、道德或其他類型的專才，他都願意給予支持，不生妒心；在他的支持下，有才之人便能發揮長處，博得聲名。他總是遵守國家制度，卻不會刻意擺出循規蹈矩的姿態。而且，他不喜歡改變和不穩定，但喜歡待在同樣的地方，進行同樣的活動；即使頭痛發作，他也能立刻回到精神抖擻的狀態處理日常工作。他沒什麼秘密，就算有也很少，通常只跟公共事務有關；當他舉辦公開展覽、興建公共建物、經手人民捐獻等事務時，態度一向謹慎而節約，因為他重成事不重名聲。他不在不適當的時間沐浴，不愛大興土木，對於口中的食物、衣物的質地及色澤、僕人的外貌，他都不甚在乎。他的衣服通常來自羅利姆[16]（他的海濱別墅）及蘭努維姆。我們知道，他在塔斯卡盧姆是如何對待向他請求寬恕的稅吏。以上種種，就是他的行為模式。他身上沒有半點嚴苛、無情、暴力，也沒有人們所謂的過度操勞。他會反覆查核每件事情，手段有條有理、毫不含糊，而且精力充沛又標準一致，彷彿時間永遠用不完。他的樣子，就像是書上記載的蘇格拉底：他能克制軟弱的常人無法克制的事物，也能享受這些人容易無節制享受的事物。他的心靈強健到能克制所欲，又能冷靜到不過分享樂，這就是靈魂完美且所向無敵的正字標記，一如他在麥克西穆斯生病時的作為。

17.

我誠心感謝眾神讓我擁有好的祖輩、好的父母、好的妹妹、好的師長、好的同伴、好的親戚、好的朋友，我人生中的一切幾乎都是美好的。而我還想感謝眾神，讓我不會輕易和這些人發生衝突。我性格躁動，要是時機不對，我很有可能犯下錯事；但是，多虧眾神保佑，使我這輩子始終一帆風順。我還要感謝眾神，讓我不在祖父嬪妃的身邊成長，使我能保有青春的燦爛，直到時機成熟甚至更晚才成為男子漢；感謝眾神讓我接受我的君王兼父親的引領，使我能夠去除一身傲氣，並明白一個人即使住在宮殿裡，也不一定需要衛兵、華服、火炬或雕像等豪奢物品；反之，我明白一位統治者有能力讓自己過平民般的生活，並以適合統治者的方式處理關乎公共利益的事務，同時不衍生卑劣思想或怠惰行為。我感謝眾神賜給我一個好弟弟⑰，他的德行讓我懂得自省，他對我的尊敬及關懷也讓我感到愉快；感謝眾神，讓我的孩子既不愚笨，身上亦無殘疾；感謝眾神，讓我並未專精修辭、詩歌及其他學問，因為一旦我發現自己在這些領域有所成就，可能就會潛心投入；感謝眾神，讓我毫不猶豫將榮耀歸給養育我的人，他們期待獲得這樣的榮耀，我也沒有因為他們還年輕就拖延此事，而使他們失望；感謝眾神，讓我認識阿波羅尼烏斯、魯斯迪古斯、麥克西穆斯；感謝眾神，讓我知道如何循天道而活，如此的圖像在我心中經常清晰可見；只要依靠眾神，以及祂們給我的賞賜、庇佑、啟示，要循天道而活就沒有任何阻礙，雖然我自己依然會犯錯、會忽略眾神的警告，所以還不能完全以這套方法過活；感謝眾神，讓我的身體依舊維持健康，陪我度過漫長的人生；感謝眾神，讓我永遠不會碰觸本尼迪克塔或狄奧多圖斯，我曾經因為熱戀的激情喪失理智，但我現在清醒了；雖然我和魯斯迪古斯相處的時候常常發脾氣，但我從不做會讓自己後悔的事；感謝眾神，雖然我的母親命中註定要早逝，但她過世前幾年都是和我一起度過的；感謝眾神，每當我看見他人有需求，或由於其他因素而想伸出援手，從來沒人認為我力有未逮；感謝眾神，我從來不會陷入有求於人的境地，不需要倚靠他人幫忙；感謝眾神，讓我有如此溫順、貼心、純樸的妻子；感謝眾神，讓我能替孩子們找到許多良師；感謝眾神透過夢與其他方法，指點我治咳血及頭暈的藥方；感謝眾神，使我有心鑽研哲學時，沒有落入詭辯家的陷阱，沒有浪費時間書寫歷史、用三段論思考問題，也沒有整天忙著觀察天象；因為要做到這些事，都需要眾神及命運的幫助。

寫於格拉努瓦河畔，與夸迪人作戰之時[18]

---

① 他的祖父名為安尼烏斯・維魯斯。他想說的，應該是他發現這些人具備某些美德，或者自己曾經受惠於這些人。而這段話背後的涵義，是他成了更好的人，或者有機會成為更好的人。

② 他的生父名為安尼烏斯・維魯斯。

③ 他的母親名為多蜜希亞・卡爾薇拉，又名露齊拉。

④ 可能指他母親的祖父，卡提留斯・塞維魯斯。

⑤ 迪歐格內圖斯並非基督徒，但很想一窺基督教的樣貌、想知道教徒信仰什麼神、想了解教徒如何受信仰影響而睥睨塵世與死亡，並對希臘諸神及猶太迷信行為不屑一顧；他想知道，這些教徒對彼此抱持什麼樣的愛，以及這個新宗教為何到現在才傳進來。有學者認為，迪歐格內圖斯可能是安東尼努斯的家教。

⑥ 尤尼烏斯・魯斯迪古斯為斯多噶哲學家，安東尼努斯對其讚譽有加，且經常採納對方的意見。

⑦ 皮烏斯在位時，卡爾基斯的阿波羅尼烏斯來到羅馬擔任安東尼努斯的家教。阿波羅尼烏斯是位一板一眼的斯多噶主義者。

⑧ 指卡羅尼亞的塞克圖斯，即普魯塔克的孫子。另一說為普魯塔克的姪子，不過較有可能是孫子。

⑨ 亞歷山大為出身佛里幾亞的文法學家，曾替荷馬作品做過註釋。修辭學家亞里斯提德曾撰寫悼文追念亞歷山大，並於喪禮致詞時朗讀。

⑩ 科奈利烏斯・弗龍托為修辭學家，與安東尼努斯過從甚密，兩人豐富的通信記錄流傳至今。

⑪ 指斯多噶哲學家欽納・卡圖魯斯。

⑫ 這裡的兄弟（brother）一詞可能與事實不符，因為安東尼努斯沒有親兄弟。很多人猜測，這裡指的或許是堂／表兄弟。舒茲的英譯本省略了「兄弟」一詞，他認為，塞維魯斯可能指逍遙派追隨者（peripatetic）克勞第烏斯・塞維魯斯。

⑬ 塔西圖斯在著作《編年史》點明了特拉塞亞和赫爾維狄烏斯的身分。普魯塔克曾撰文描述老加圖、小加圖、迪翁及布魯圖斯的一生。這裡，安東尼努斯指的可能是斯多噶主義者小加圖。

⑭ 克勞第烏斯・麥克西穆斯為斯多噶哲學家，頗受皮烏斯（安東尼努斯的前一任皇帝）敬重，是位毫無瑕疵的完人。

⑮ 此處指養父皮烏斯，即他的前一任皇帝。

⑯ 羅利姆為羅馬北方海濱的別墅，皮烏斯在此成長，也在此過世。

⑰ 安東尼努斯皇帝沒有親兄弟，只有義弟盧齊烏斯・維魯斯。

⑱ 夸迪人居住於波希米亞及摩拉維亞南部地區，安東尼努斯曾對夸迪人發動戰爭。格拉努瓦河應該指流入多瑙河的格蘭河。如果這段文字與事實相符，安東尼努斯寫下第一卷內容的時候，應該正在和夸迪人作戰。

第二卷

每個人的時間都是有限的

我們都可能在此時此刻離開人世，

那就抱著這樣的心態，處理每一個行動和思緒吧。

把人生當中的每一件事當成最後一件事來做，

自珍自重，勿把幸福寄託於他人的靈魂……

就算你能活三千年，
甚至能活千萬年，也請不要忘記：
人能失去的生命無他，只有人正在活的生命，
而人能活的生命無他，
只有人正在失去的生命。
到頭來，萬壽與夭折其實毫無二致，
因為即使失去的事物不同，
對所有人而言，當下的時間都是一樣的。

1.

當新的一天開始，我就對自己說：今天我會遇到好管閒事、忘恩負義、傲慢自大、撒謊成性、善妒、孤僻的人。他們會染上這些毛病，是因為他們無法明辨是非善惡。而我，我已經看清了善的美好、惡的醜陋，看清了犯錯之人的本性，也明白他們都是我的親人；我們不僅流著同樣的血、有著同樣的祖先，還共享了同樣的智慧、同一份神性。在他們之中，沒有半個人能傷害我，因為沒有人能使我墜入醜惡；但我也不能對我的親人發怒或記恨，因為我們生來就是為了同舟共濟，如同雙腳、雙手、上下眼瞼、上下排牙齒一樣。所以，人與人互相作對是有違本性的，更會使人自尋煩惱、彼此閃躲。

2.

再怎麼說，我這個人不過就是一丁點肉身、一絲生命氣息，以及具備主宰力量的部分。拋開書本吧，不要再讓自己三心二意了，你的心不該如此。不妨想像你正瀕臨死亡，就此鄙棄自己的肉身；肉身就是包含血液及骨骼的網狀組織，一種由神經、靜脈、動脈構成的網絡。再想想，生命氣息究竟為何物：就是空氣，一團隨時變化的空氣，一下呼出、一下又吸入的空氣。第三件事，想想內在的主宰力量；想像你年事已高，不再放任主宰力量淪為奴隸；不再任其淪為懸絲木偶，受有違社會常情的心緒拉扯；不再任其埋怨眼前的命運，也不再任其逃避未來，猶恐不及。

3.

眾神所做的一切，都飽含了神意。命運所做的安排，都不會遠離自然本性，而會和神授意的事物交織連結。所有事物都自神意流淌而出；這些事物的必然性，會造福你所歸屬的宇宙整體。自然整體所帶來的福分，會使自然的各個部分受惠，也始終維繫著自然整體。於是，元素的更迭、元素合成物的變化，讓宇宙存續下來了。且讓你自己執守這些原則，不假外求；且讓這些原則成為你心中的鐵律。不要再一股腦埋首書堆了，這樣你死前才不會滿腹牢騷，而是抱持愉悅、安適的心，在懷著對眾神的感激之下離世。

4.

關於這些事，想想你拖延多久沒做了，想想眾神給過你多少次機會，可惜你從沒好好把握。現在，你必須認清自己歸屬於何種宇宙；認清宇宙管理者的本性，明白你的存在是由管理者身上溢出的；認清你的時間有限，如果你無法把握時間撥開心頭迷霧，光陰便會與你一同消逝，永不復返。

5.

每一刻，你都要像個羅馬人和人類一樣，思考如何維持純粹樸實的尊嚴，並且秉持愛心、自由與公義，來完成手邊的工作；至於內心其他的念頭，暫且擱下就好。想要成功擱下這些事，你就必須把人生當中的每一件事，都當成最後一件事來做，不要讓理性主宰力量被魯莽與厭惡情緒影響，同時拋開各種虛偽、自戀，停止埋怨命運的安排。當你用心觀察，便會發現只要遵循簡單幾項原則，人就能享受靜靜流淌的生命，像是眾神一樣過活；因為，眾神對人的要求，不過就是觀察這些事而已。

6.

我的靈魂啊，繼續委屈自己，繼續委屈自己吧；於是，你就再也不能榮耀自己了。每個人的生命都是充裕的，但你的生命已經步入尾聲了。你的靈魂並不自珍自重，而是將幸福快樂寄託在他人的靈魂之上。

7.

降臨在你身上的外在事物，讓你分神了嗎？給自己時間，去學點新鮮美好的事物，不要再被耍得團團轉了。不過，你也不能讓自己陷入另一個迴圈裡，避免像某些人一樣虛度光陰，過著行為漫無目的、思維迷茫無依的人生。

8.

不去注意別人的想法，似乎很少會讓人鬱鬱寡歡；反之，不注意自己內心思緒的人，必然過得悶悶不樂。

9.

底下這些事，你得永遠牢記：整體的本性如何、我的本性如何、我的本性與整體的本性有何關聯、我屬於什麼樣的整體、我屬於整體的哪個部分。同時牢記，你作為整體的一部分，沒有人能阻止你遵循整體的本性說話、做事。

10.

西奧弗拉斯圖斯比較過各種不良行徑，就像普通人會根據常理做比較一樣。他以相當哲學的觀點表示，因欲望而犯錯的人，比因憤怒而犯錯的人更應受譴責。因為被憤怒沖昏頭的人，似乎是由於承受了某種痛苦以及無意識痙攣，才因此失去理智；反倒是因欲望而犯錯的人，滿腦子只有享樂的念頭，因此容易犯下既放縱又嬌弱的錯。接著，他又以非常哲學的眼光，給出了中肯的意見：因享樂犯下的錯，比因痛苦犯下的錯更應受譴責；總之，前者似乎是先受了委屈、感到痛苦，才被迫發怒；但後者卻是受到內在衝動驅使，因為順從了欲望驅力才犯下過錯。

11.

既然你可能①在此時此刻離開人世，那就抱著這樣的心態，處理每一個行動和思緒吧。如果眾神真的存在，那麼告別眾生也不是件可怕的事，因為眾神不會將你捲入邪惡之中；但是如果眾神不存在，或者祂們壓根不在乎塵世的紛紛擾擾，那麼活在無眾神亦無神意的宇宙裡，對我來說有什麼意義？然而，眾神確實是存在的，而且祂們關心人間的一切，也將各種力量灌注給人，使人不至墜入真正的惡當中。對於其他的惡，假設世上真的存在邪惡的事物，神也會努力使人不墜入其中。人絕對具備足夠的力量，讓自己不至墜入邪惡當中的。如果這些邪惡事物不會使人墮落，又怎麼可能讓人生變調走樣呢？但宇宙本性不可能無知到沒發現這些邪惡事物，也不可能因為心知肚明，卻無力抵擋或糾正這些事物而略過不察；宇宙本性不可能因為缺乏控制力或技巧，使好事和壞事隨機發生在好人和壞人身上，不加區分，宇宙本性不可能鑄下這番大錯。但生死、榮辱、苦樂這些事物，尤其死亡，必然都會發生在好人與壞人身上，也無所謂讓人變好或變壞。因此，這些事物既不善良，亦不邪惡。

12.

這一切都消逝得太快了，包括遍布宇宙的形體、遺留在時間裡的形體記憶。這些可感知的事物，尤其是誘人以樂、懼人以苦，或以浮名大噪的那些事物，究其本性，都是如此無用、可鄙、骯髒、易逝又死氣沉沉。這些，都是理性能力必須注意的對象。此外，還必須注意那些高談闊論、愛好讚美的人，同時注意死亡是什麼。當人能直視死亡，並透過抽象思考，將想像中的死亡拆解為不同部分，就會發現這不過是自然的運作模式。害怕自然運作模式的人，就是個小孩。其實，死亡不但是一種自然運作，更是件有益於自然的事。同時，還要注意人如何接近神、人是靠內在的哪個部分接近神、人是何時具備這個部分的。

13.

天底下最可悲的事，正是當一個人過得庸庸碌碌，還像那位詩人說的[2]，不斷探聽地底下的事，而且總是在臆測鄰人內心的想法，卻不曉得一生該做的事，其實不過是與內在神性連結，並虔心崇敬這份神性。所謂虔心崇敬，是要讓內在神性保持純淨，屏除衝動、莽撞的心，更不能對源於眾神與人的東西埋怨再三。因為源於眾神的東西總是無與倫比，值得崇敬；至於源於人的東西，則因人與人血脈相連而值得愛護，有時，則因人無法明辨是非而值得憐憫。要是無從判斷是非，這樣的缺陷不亞於無法區辨黑白兩色。

14.

就算你能活三千年，甚至能活千萬年，也請不要忘記：人能失去的生命無他，只有人正在活的生命，而人能活的生命無他，只有人正在失去的生命。到頭來，萬壽與夭折其實毫無二致，因為即使失去的事物不同，對所有人而言，當下的時間都是一樣的。所謂的失去，都相當於一瞬間而已。人無法丟失過去，也無法丟失未來，因為這兩者從來不屬於人，別人又怎麼能奪得走？以下這兩件事，你必須牢記在心：第一，一切永恆的事物都具備相同形式，周而復始，即使在一、兩百年或無限長的時間內重複看見同樣的東西，其實都算是同一件事；第二，無論是最長壽或最短命的人，失去的東西都是一樣的。人會被剝奪的東西，就只有當下而已，因為這是人唯一擁有的事物，而從不屬於人的東西，是失去不了的。

15.

記住，一切都是意見。犬儒主義者摩尼穆斯所說的話，其中的概念是顯而易見的；只要他所言不假，一個人又能從中獲取真意，這些話的用途同樣是顯而易見的。

16.

人的靈魂是會自我摧殘的。第一，當靈魂淪為宇宙膿瘡，甚至是宇宙腫瘤，就是在自我摧殘，因為遇事就抱怨的態度，等於背離了其中包含一切事物本性的自然本性。第二，當靈魂自外於人，甚至懷抱惡意傷害他人，就是在自我摧殘，那些憤怒人士的靈魂即是如此。第三，當靈魂被逸樂或痛苦宰制，就會開始自我摧殘。第四，當靈魂虛偽造作、言不由衷時，便是在自我摧殘。第五，當靈魂恣意妄為，漫無目的，從不用心思索就採取行動，便會開始自我摧殘；而正確的做法，是連最細瑣的事情都要抱持目的進行，而理性動物的行為目的，就是謹守理性原則、遵循古老城邦與政體的法律。

17.

人經歷的時間只是一個點，我們的實體飄忽不定，感知遲鈍麻木，肉身必然腐朽，靈魂永無寧日，命運實難預料，名聲荒誕不經。前述種種，一言以蔽之：歸屬於身體的，好比江水流逝；歸屬於靈魂的，皆如夢幻泡影。生命就是一場戰爭、一名過客的寄居，一切名聲終遭淡忘。什麼東西才能作為人的嚮導？只有一樣，那就是哲學。所謂哲學，能使人的內在神性不受摧殘毀傷，超越痛苦與愉悅，不做漫無目的之事，不虛偽造作，不去在意他人行動或不行動時的心思；另外，還要接受所有事件及命運安排，無論事件來自何處，都要視為與自己系出同源；最後，要滿心歡喜面對死亡，死亡不過是組成活體生物的元素消散的過程。不過，要是元素在不斷互相轉換時毫無損傷，人又何必為了元素的變化與消散惶惶不安？這些純粹是自然法則，無所謂罪惡。

寫於卡努頓③

①原文的意思也可能是「既然離世是你的能力之一」。

②指柏拉圖《泰阿泰德篇》（*Theaetetus*）中提到的詩人平達。

③卡努頓為潘諾尼亞地區的城鎮，地處多瑙河南岸，距文多波納（今維也納）以東約三十英里。歐羅修斯及尤特羅庇烏斯說，安東尼努斯和馬科曼尼人作戰時，在卡努頓一共駐紮了三年。

第三卷

培養內在的智慧

只要潛心培養高貴的精神，

磨練內在的智慧，

即使命運突然召我們離世，

人生也不會徒留缺憾。

在當下順應自然而行、
讓說出的每一個字包含磊落的真理，
同時感覺心安理得，
你的人生就能幸福快樂。
而且，沒有人能阻止你獲得幸福。

1.

我們除了得留意，生命日復一日消逝，來日所剩無幾，更要想到另一件事：人就算長命百歲，對世事的理解卻不見得永遠充分，也不見得能持續沉思自省，讓自己了解神與人的一切。人會隨年歲增長而變得越來越糊塗，雖然流汗、進食、想像及欲望等身體機制能夠運作如昔，但先前具備的嚴謹理性能力，也就是幫助我們實現自我、盡忠職守、明辨是非、判斷離世時機或發揮類似心智功能的能力，卻早已灰飛煙滅了。因此，我們必須珍惜生命，不僅因為我們每天會逐漸邁入死亡，更是因為我們理解與思考世事的能力，會在生命結束前先一步消散。

2.

我們還必須注意到，伴隨自然事物發生的一切，都有使人愉悅、吸引人的一面。比方說，麵包剛出爐的時候，表面會綻出一些裂縫，這些裂縫或許有違烘焙師傅的初衷，但卻呈現出某種美感，甚至莫名使人垂涎三尺。又比方說，無花果熟成之後便會綻裂；或像是爛熟得將近腐敗的橄欖，也會散發特別的美。又好比低垂的穀穗、獅子的濃眉、野豬嘴角流淌的唾沫，以及各種類似的東西；將這些東西獨立出來觀察，會發現其中毫無美感可言，但是，這些自然事物的附生物，反倒點綴了自然事物，愉悅了人心。因此，當人能夠感知宇宙萬物，並培養出深刻的洞見，那麼，世間所有的附生物都會顯得賞心悅目。如此一來，當他真正目睹野獸齜牙咧嘴，內心的愉悅將絲毫不遜於觀看畫家與雕刻家的仿作；在老婦老夫身上，他能看見一種圓熟的優雅；他能帶著無邪的眼光，凝視年輕人散發的誘人魅力。諸如此類的東西，在一般人眼裡毫無宜人之處，唯有體察自然之道、熟悉自然產物的人，才能因此感到賞心悅目。

3.

希波克拉底一生治病無數，最後依舊死於疾病。迦勒底人預言了許多人的生死，但自己也掙脫不了命運的束縛。亞歷山大、龐貝與凱撒生前毀城無數，斬殺了千千萬萬名騎兵與步兵，自己終究難逃一死。赫拉克利特設想了宇宙內無數的對立衝突，晚年卻渾身浮腫，整個人沾滿泥巴而死。德謨克利圖斯因害蟲喪生，蘇格拉底則因另一種害蟲喪命。這一切有什麼意義？你都已經登了船、走完了航程、抵達了彼岸，快下船吧。即使你抵達了來世，眾神依然不會從你身邊消失。

但是，當你踏入了無知無覺的世界，你將不再受到苦與樂的折騰，也不會再被壞皮囊奴役，尤其是本來應該掌管皮囊的，卻反過來服侍皮囊，還真是壞上加壞，因為前者是智慧及神性，後者則是塵土及腐朽。

4.

當你思考的事與公共利益無關，就不要浪費餘生猜測他人的心思。要是你一心想著別人在做什麼、動機是什麼、對方在說什麼、想什麼、盤算什麼，或是充斥著任何會使理性力量分神的念頭，你就沒有心思做其他事了。所以，我們應該仔細檢視成串的思緒，將缺乏目標、毫無益處的成分排除在外，尤其是各種過度好奇、惡意十足的感受。真正值得人用心思索的，是當別人突然問：「你在想什麼？」你會立刻直言不諱的內容；如此一來，你的話語就能展現出你單純善良的內在，證明你適合群居社會。適合群居的人不追求享樂或肉體快感，內心毫無敵意、嫉妒或猜疑，或者會讓你一說出口就臉紅的念頭。這樣的人，隨時都能成為人中龍鳳，就像是一位與眾神共事的祭司，能夠發揮內在的神性，讓自己不受快感所擾、不受痛苦所傷、不被汙衊所辱、不為罪惡感所苦；他就像高貴戰役中的鬥士，從不受內心衝動牽制，永遠秉持正義，敞開靈魂接納命運安排的一切；除非強烈出於公共利益之所需，否則他絕不輕易揣測別人的言行或心思。他只爭取屬於自己的東西，隨時想著宇宙整體替自己安排的命運，力求行事公正，並相信自己的命運是好的；因為每個人所配得的命運，既被人帶在身上，又把人帶著走。他會記得所有理性動物都是自己的弟兄，而且人的本性就是要關心大眾；人不應該附和所有人的觀點，只需要尊重順應自然而活的人說了什麼。對於並未順應自然而活的人，他會永遠記得此人在家中是什麼樣、出門在外是什麼樣、白天與晚上分別是什麼樣、這些樣貌的特性、這人會跟什麼樣的人廝混。因此，他並不會認真看待這些人的溢美之詞，因為他們根本連自愛都做不到。

5.

行動時，切莫不甘不願，切莫不顧公共利益，切莫草率為之，切莫三心二意；切莫執著雕琢字詞而疏於思考，切莫誇誇其談，切莫四方奔波勞碌。讓你的內在神性發揮守護力量，守護這位勇敢成熟、積極參政的人，守護這位羅馬人，守護這位扛下重責的領袖，一位靜待生命呼召、隨時能夠執政，且無須起誓或仰賴他人見證的領袖。還要保持一顆愉悅的心，切莫期待外界支援，切莫向外求取寧靜。人貴自立，切莫待人攙扶。

6.

如果你在人生當中，發現了比正義、真理、節制、堅毅更有價值的事物，或者簡單來說，如果你發現，相較於能使你循理性而行、對不由你自己決定的一切皆知足的心靈，人生中還有其他事物更具價值，我說，那就投入靈魂認真追求，好好享受你認為至高無上的事物吧。但是，如果其他事物的價值都遜於內在神性，也就是能夠克制各種欲望、審視各種心像，以及如蘇格拉底所言，不受感官牽絆，又能追隨眾神、關愛世人的力量，那就捨棄其他事物，專心追求內在神性吧。當你分心追求遜於內在神性的事物，就無法全神貫注，優先選擇能夠由你掌控、也屬於你的好東西；因為，在理性上、政治上、實踐上都美好的事物，是無法和讚美、權力、快感享樂等其他事物相提並論的。這些東西再怎樣稍稍有益，再能與美好的事物攜手並行，依舊有可能在一瞬間喧賓奪主，誘使我們走上岔路。但我說，你不妨順著心意選擇更好的東西，認真抓牢。有人說：「有用的東西才更好。」這樣吧，對身為理性動物的你，凡是有用的東西都儘管抓牢；但如果這東西只對身為動物的你有用，那麼，你可以先主張上面那句話，再動用你的判斷力謹慎思考。記得，一定要使用妥當的方法來推敲才行。

7.

凡是會使你背棄承諾、拋棄尊嚴、敵視他人，使你行猜忌、詛咒、虛偽造作之事，或是使你的欲求變得見不得人的東西，都不要看得太有價值。那些寧可敬重內在智慧與神性，虔心認可其卓越價值的人，是不會以受害者自居，不斷怨天尤人的。這樣的人既不孤僻，又不渴望人群簇擁，而且最重要的是，這種人既不會尋死，也無懼於死亡；體內的靈魂究竟還能活多久，時間是長是短，他都毫不在乎。就算下一秒就得離世，他也能坦然接受，像做其他事情一樣不失高貴從容。他這輩子只在乎一件事，那就是謹守理性動物及公民社會成員的本分，讓自己不要偏離正道。

8.

歷經磨練的純淨心靈，不會藏有一絲腐敗、汙濁，或者必須遮掩的傷痛。這樣的人，即使命運突然召其離世，人生也不會徒留缺憾；他絕不會成為人們口中「戲還沒演完就退場的演員」。而且，他身上沒有半點奴性或虛假，對事不過分執著，又不疏離。他的內心無可非難，亦無不可見人之處。

9.

好好重視能激發思維的力量，因為理性思維與理性動物的本性與組織構造是否矛盾，完全取決於這股力量。也是這股力量，讓我們能慎思明辨、友好他人、虔敬眾神。

10.

所以，拋開紛亂的一切，抓住幾樣關鍵就好。而且記住，每個人能把握的只有當下，當下只是一個點，不可分割；至於人生其他部分，過去的已經過去了，未來仍屬未定之天。人生何其短暫，世間居所何其窄小，身後的萬世英名同樣倏忽而逝，還得靠可憐的人們來傳遞延續；但這些性命轉瞬即逝的人，其實完全沒有自知之明，遑論理解作古已久的先人。

11.

除以上各種建議之外，我還想補充另一件事：凡是出現在你眼前的任何事物，你都必須加以定義或描述，才能透徹、全面地掌握其本質。同時，你必須知道該事物的名稱，了解其組成成分包括什麼、本身會分解成什麼。想提升心靈層次，最好的策略莫過於以下這些做法了：對生命中出現的所有事物做出確實且有系統的考察、帶著洞察宇宙本性的目的觀察事物、了解宇宙內部每一樣事物的功能、釐清每一樣事物對整體而言有何價值、釐清每一樣事物對人類——也就是至高城邦（且所有城邦本一家）中的一員——而言又有何價值；研究每一樣事物究竟為何、內含何種成分，對於讓我產生心像的事物，也要研究此物在自然狀態下能存續多久、我又應該展現何種德性來面對，像是溫柔、陽剛、求真、忠誠、樸實、知足等等。因此，人隨時都應該說：這是神的旨意，這是命運紡織機的安排，這是機緣巧合，這是我的同類、我的弟兄同胞的安排，只不過，我的弟兄並不了解哪些安排是源於自己的本性。我因為對此知之甚詳，所以才會懷抱慈愛與公義，順著友誼的自然法則與對方來往。但面對中立的事物①時，我也會衡量其中每一項的價值。

12. 處理眼前的工作時，如果你能認真、堅定、平靜地接受理性指引，不讓其他事情誘你分心，同時讓內在神性保持純淨，彷彿隨時都得物歸原主一樣；如果你能執守此道，無盼無懼，並且在當下順應自然而行，讓說出的每一個字包含磊落的真理，同時感覺心安理得，你的人生就能幸福快樂。而且，沒有人能阻止你獲得幸福。

13. 就像醫生隨身都會攜帶器械及刀具，以備不時之需，你的內心也有如影隨形的原則，隨時能幫助你理解神與人間之事；而且哪怕事情再瑣碎，內心原則都能在你做事時發揮功效，幫助你牢記神與人之間的緊密連結。因為，如果你在人間做事的時候沒想到神，是不可能把事情做好的；反之亦同。

14. 不要再漫無目的四處遊蕩了；即使到了老年，你也不會閱讀自己的回憶錄[2]、翻看古希臘羅馬歷史書，更不會閱讀你如今留待晚年品味的名著選集。如果你還愛自己，還有力氣行動，請趕緊朝人生目標前進，拋開妄想，努力協助自己抵達終點。

15.

很多人不知道，舉凡「偷竊」、「播種」、「購物」、「緘默」、「弄清該做的事」這些字眼，其實蘊藏了諸多涵義；這些涵義是肉眼看不見的，必須靠另外一種眼力。

16.

關於身體、靈魂與智慧：感覺與身體相連，欲望與靈魂相連，原則與智慧相連。單憑事物外表決定印象，這是動物的行徑；受欲望的絲線拉扯，這是野獸與嬌弱男子的行徑，也是法拉里斯與尼祿之流所為；但不信神的人、叛國的人，或者會關起門來縱欲的人，依然具備能引領自己接觸正當事物的智慧。要是上述所有事物是一般人都具備的，那麼，還是有某些事物是好人特有的，包括安於眼前發生的一切、順從命運紡織機的安排、不玷汙內心的神性、不胡思亂想擾亂心緒、保持內心寧靜、崇敬神性如同敬神、不撒謊、不行不義之事。縱使其他人不相信他過著樸實、謙恭、安適的生活，他也不會因此發怒，或者偏離自己的人生道路。堅持這條道路的人，最後就能變得純粹、寧靜，既能坦然面對死亡，也能全心全意接受命運的安排。

---

① 塞內卡曾經表示：「即使是所謂中立的事物，彼此還是會有極大差異。」（Est et horum quae media appellamus grande discrimen.）（《道德書信》第八十二章）

② 原文為ὑπομνήματα，或指備忘錄、筆記等。

第四卷

真正的平靜，源於我們的心

宇宙即變化，人生即念頭。

同樣發生在壞人及好人身上的任何事，

並沒有所謂好壞可言；

人會惶惑不安，

純粹是受到內心想法左右。

拋開你的想法，
你就能放下「我被傷害了」的怨念。
拋開「我被傷害了」的怨念，
你的痛苦就會消失了。

1\. 當內在主宰力量順本性運作時，對外界發生的事物會變得相當敏感，因此很容易就能根據各種可能事件做出調整，並適應眼前出現的狀況。在特定條件之下，這股力量不須具備任何物質基礎，便能獨自朝目標前進①；如果遇上性質對立的事物，這股力量還能將其化為物質基礎，如同火焰攀附落在上面的東西一樣。假使只有星星之火，火苗就會被掉落的東西給撲滅；但要是火焰熊熊，就能立刻適應堆疊上來的東西，將之燃燒殆盡，並藉由此一物質越燒越旺。

2\. 不要讓行動失去目標，而且除了完美的工藝原則，不要遵循他法。

3\. 人喜歡找個僻靜之地隱居，像是鄉間、海邊、山林；你也不例外，你同樣非常渴望在這些地方定居。不過，這是凡夫俗子才會有的念頭。其實，不管你走到哪裡，只要你想隱居，就有能力隱居；因為，除了潛入靈魂深處，再沒有更能讓人心緒寧靜、毫無牽掛的隱居地了，尤其，當一個人浮現了這種念頭，同時好好凝視這樣的思緒，就能讓自己瞬間進入無比寧靜的狀態。我想強調，所謂的寧靜，和內心井然有序正是同一件事。所以，就讓自己潛入靈魂深處，重新煥發能量吧。讓自己守住一些簡潔的根本原則，當這些原則浮上心頭，就足以滌淨你的靈魂，讓你不再對任何事感到不滿。你為了什麼事感到不滿？為了人類的惡性嗎？那麼，請你回想下面這些原則：理性動物是為了彼此而存在，忍耐是正義的一部分，人所犯的錯都是不自覺的。想一想，多少人曾經彼此敵對、猜忌、憎恨、鬥毆，最後依舊喪命，化為灰燼；然後，讓你的心寧靜下來。不過，你可能是對宇宙分配給你的東西不滿。要是如此，請你回想底下兩種選擇：這一切不是神的意旨，就是原子的組合（即偶然同時出現的事物）；或者，請回想一下人們如何論述，如何證明世界就是一種政治共同體，然後，讓你的心寧靜下來。儘管如此，肉身還是可能繼續控制著你。那麼，請你再多想一想，當心擺脫了肉身的控制、察覺了自己的力量，無論生命氣息是柔是猛，心都不會與之糾纏不清。再想一想，你對於苦樂有哪些見聞和想法，然後，讓你的心寧靜下來。但就算如此，你對虛名的眷戀還是可能折磨著你。那麼，請看看萬事如何轉眼被人遺忘，再朝當下的兩側望去，看看無垠時間多麼深不見底，再看看掌聲背後多麼虛無、假意讚美的人多麼善變且不智，讚美框出的空間多麼狹窄。然後，讓你的心寧靜下來。整個世間就是一個點，你的居所何其窄小，會讚美你的人少之又少，這些人又有何來頭？

現在，你只要記得一件事就好：務必潛入你內心的小小角落，無論如何，都不要讓自己三心二意、操勞過頭；務必過得自由自在，像個男人、像個人類、像個公民、像個生命有限的凡人一樣看待世事。但是，值得你時時放在心上的事，其實就兩件而已：首先請記得，事物不會與靈魂接觸，因為前者處於後者之外，始終不可動搖；人會惶惑不安，純粹是受到內心想法左右。再來請記得，眼前的萬事萬物說變就變，轉瞬即逝，別忘了，你這一生目睹過的變化實在太多。宇宙即變化，人生即念頭。

4.

如果理智是人所共有的，那麼，使我們成為理性生命體的理性也是人所共有的。假如此事為真，使我們明白何事該做、何事不該做的理性，也是人所共有的了；假如此事為真，大家就共享著同一套律法；假如此事為真，我們就是彼此的公民同胞。假如此事為真，我們就是某個政治共同體的一分子；假如此事為真，世界某方面也算是同一個國家。若非如此，全人類難不成是屬於別的政治共同體？我們的理智、理性及律法能力，全都源自於這個政治共同體，若非如此，這些能力難不成來自他處？我體內的溼性來自某種元素，我體內發燙的火性來自某個特殊源頭（沒有任何東西會來自虛無，虛無終究歸於虛無），因此，我的理智同樣來自某個源頭。

5.

死亡如同新生，都是自然的奧秘；先由同樣的元素組成，又分解為同樣的元素；人不需要為這一切感到羞愧，因為這一切既不違背理性動物的本性，也和內部組織具有的理性毫不衝突。

6.

某些人自然得做某些事，這是必然的結果。不能接受這件事的人，就像是無法接受無花果樹內含汁液。不過，你無論如何都得記住，你和他轉眼間就會死去，連你們的名字都無法流傳後世。

7. 抛開你的想法，你就能放下「我被傷害了」的怨念。抛開「我被傷害了」的怨念，你的痛苦就會消失了。

8. 不會讓人變壞的事物，既不會讓人生變糟，也傷不了一個人的外在或內心。

9. 對宇宙有益的事物，本性只限於做有益的事。

10. 世上發生的一切都是合理的。只要你用心觀察，就會發現事實的確如此。我說的合理，不單指一連串事物之間的先後次序，更包含其中的公平正義，彷彿有人替每項事物決定了價值。照一開始的方法繼續觀察一切，接著，不管你做什麼事，都要結合為善的念頭；所謂的善，指的是一個人理論上應具備的善。把這項原則帶入每個行動當中吧。

11.

不要和與你為惡的人抱持同樣的觀點，也不要順著對方的意看事情。請你如實看待萬事萬物。

12.

人應該隨時做好準備，適時實踐這兩項原則：第一，永遠服從具備主宰與約束力量的理性，只做理性認為對人有益的事；第二，只要有人願意糾正你，勸你放棄某個念頭，你就可以考慮改變想法。不過，你所做出的任何改變，都必須建立在公義、公共利益或類似的原則之上，而不是為了讓自己快樂或出名。

13.

你有理性嗎？「我有。」所以你為什麼都不使用？當理性盡了運作的本分，你還有什麼好要求的？

14.

你只是作為整體的一部分而存在，你本應消失在創造你的事物裡頭；不過，你也會在歷經變化之後，重新回到創生法則的懷抱。

15.

許多星火紛紛從乳香上剝落，落在同一座祭壇上，有些落得早，有些落得晚，但兩者毫無差異。

16.

只要你願意回歸個人原則、崇敬理性，十天之內，你就會讓大家完全改觀，彷彿你從猿猴猛獸變成了神。

17.

不要用能活一萬年的心態過活。死亡就懸在你的頭上。趁自己還活著、還有能力的時候，多多與人為善吧。

18.

不關注鄰居所說、所做、所想，只在乎自己的所做所為是否公正、純潔的人，就能省掉許多煩惱；阿加松也說過，不要老是關心別人如何墮落，而是要循著正道筆直前行，不可偏離半分。

19.

熱切追求身後名聲的人不會想到，那些記住他的人其實很快也會死去；接下來，這些人的子子孫孫也會紛紛離世，而靠著愚昧的崇拜者傳承的所有記憶，終究會隨著這些人死去而消失。但你不妨想想，就算記住你的人能永生不死，而且這些記憶永遠不會消失，對你而言又有什麼意義？我所指的，並不是對死後的你有何意義，而是對活著的你有何意義？所謂的美譽，除了能帶來某種利益，究竟還能給你什麼？現在，你可是不合時宜地拒絕了自然的恩賜，卻抓著別的東西不放……

20.

所有美麗的事物，都是因自身而美麗，而且美麗的理由僅限於此，與是否獲得讚美無關。那麼，事物就算受到稱讚，也不會因此變好或變壞。我想強調，對於一般人眼裡的美麗事物，譬如物質與藝術品，這個道理也同樣適用。真正美麗的事物，除了包含法則、真理、慈愛或謙遜，是無需包含其他事物的。這幾樣事物，難道會因為受稱讚而美麗，或因為被譴責而損壞嗎？比方說，翡翠會因為無人稱讚就貶值了嗎？如果換作是黃金、象牙、紫色、里拉琴、小刀、花朵、灌木又如何呢？

21.

如果靈魂始終存在，空氣是如何無窮無盡地容納它們的？可是，那些自古以來不斷被埋葬的軀體，大地又是如何容納它們的？因為，這些軀體在經過一段時間後，就出現了各種可能的變化，接著也分解了，因此才騰出容納其他屍體的空間；那些在土裡停留了一些時間、又散逸到空氣中的靈魂，同樣會經歷變化與消散的階段，接著融入宇宙的創生智慧，讓內在熊熊燃燒，藉此替後到的新靈魂騰出停留空間。這樣的說法，剛好能解釋靈魂持續存在的假說。不過，我們不能只想到有多少軀體被埋葬過，更要想到每天有多少動物會被我們與其他動物吞食。被吞食的動物何其多！某種程度上，被吞食者都葬於吞食者腹中了。但是，大地還是透過轉化容納了牠們，將牠們的軀體化為血液、空氣或火焰元素。

對此，我們該如何驗證求真？那就是辨別什麼是物質、什麼是因果。

22.

不要讓自己忙得暈頭轉向。對於每一次行動，都要抱持一顆正直的心；對於每一幅心像，都要動用理解力及悟性。

23.

噢，宇宙，與你和諧的事物，同樣與我和諧。對你而言適時之物，對我而言既不過早也不過遲。噢，自然，你的四季所孕育的，對我而言都是碩果：萬物生於你、存於你、歸於你。詩人曾說：「親愛的凱克洛普斯之城。」那你會不會說：「親愛的宙斯之城？」

24.

哲人說：「想獲得安寧，請少做點事。」不過，要是改說「只做該做的事，以群居動物的理性為本，按照理性要求的內容與方式做事」，會不會比較有道理？能夠做到這樣，心就能寧靜下來，因為自己一方面行了善，二方面只做了少數幾件該做的事。我們的言行多半都不是必要的，省下這部分的力氣，就能擁有更多的休閒時光，同時降低內心的焦躁不安。因此，人應該隨時問問自己：「這件事是不是沒必要做？」除了捨棄沒必要的行為，更應該捨棄沒必要的念頭，才不會讓多餘的行為反覆出現。

25.

試著過好人的生活，看看適不適合你。好人能夠安於從整體獲得的部分，同時安於自己的公義舉止與慈愛天性。

26.

那些事你都看過了嗎？再看看這些事吧。切莫庸人自擾，力求返璞歸真。有人犯錯？他犯的錯只會害到他自己。你被影響了嗎？噢，你所遭遇的每件事，從頭到尾都是宇宙替你做的安排。總之，人生苦短，你必須遵循理性與公義原則，努力把握當下。放鬆休息的時候，頭腦依然要保持清醒。

27.

不管這座宇宙是否井然有序②，或是一團渾沌雜揉，它還是一座宇宙。甚至，在宇宙一片紊亂之際，也就是在萬物既分明、又彼此相融和諧之際，你還能不能保持內在清明？

28.

陰沈的、嬌柔的、偏執的、野蠻的、稚氣的、粗鄙的、愚昧的、虛偽的、戲謔的、喜詐的、殘暴的性格。

29.

不知道宇宙裡有什麼的人，等於和宇宙形同陌路；不清楚宇宙間發生何事的人，和宇宙依舊形同陌路。這樣的人，是個背離社會理性的逃亡者、是個不願睜眼理解世界的盲人，也是個依賴他人、無法自給自足的貧者。他是塊宇宙膿瘡，對各種發生的事埋怨不已，於是他退縮避世，與人類共同本性中的理性劃清界線。但同一個自然既製造了這種不快，也製造了你。他是由城邦剝離的碎片，靈魂已經和理性動物的靈魂集合體脫節了。

30.

這個人沒穿束腰長袍，另一個人沒帶書，但他們都過著哲人的生活。這裡還有個半裸的哲人，他說：我沒有麵包，但我堅守理性。另一位說：讀書無法幫我應付生活，但我堅守理性。

31.

熱愛你學過的技藝吧，就算這項技藝再不起眼，你也要對此心滿意足；然後，你要像個將全副靈魂託付給眾神的人，用這樣的姿態度過餘生，讓自己不去操控他人，也不淪為別人的奴隸。

32.

比方說，想像一下維斯帕先的時代，你會發現這些事情：人們嫁娶、育兒、生病、死亡、爭鬥、宴飲、買賣、耕地、奉承、自負、猜忌、暗算、咒人死亡、怨天尤人、墜入愛河、積累財富、垂涎執政官與皇帝大位。可是，這些人的生命早就不復存在了。再看看圖拉真的時代，情況也是一樣，當時活著的人全都離世了。同樣地，再看看其他時代與各個民族，看看有多少成就轉眼傾頹，崩解成了元素。但是，你得盡量想像那些如你所知會因瑣碎事物分心的人，他們無法順應本性而活，更無法堅守此道，自適自足。這時，你必須記住一件事：分配精力時，要根據每件事的價值決定比例。只要你對瑣事的關注不多不少、恰如其分，你就不會怨天尤人了。

33.

曾經流行過的詞彙，如今都過時了；曾經顯赫過的名字，如今也走入歷史了，比方說卡米魯斯、凱索、沃雷蘇斯、雷昂納圖斯，以及後來的西庇阿、加圖，還有更後來的哈德良及皮烏斯。事物總是在一瞬間消逝，化為傳說，最後葬在記憶深處，被人徹底遺忘。以上情形，指的還是曾經散發萬丈光芒的人。至於其他的人，當他們呼出最後一口氣，就等於在世上消失了，再也不會有人提起他們。總之，到底何謂永恆的記憶？不過是虛無罷了。所以，什麼事才值得我們嘔心瀝血？那就是正義的思想、合於公益的舉止、誠實無欺的言論、歡喜面對世事的性格，並且將一切視為必然與日常，皆由同樣的原則及源頭流淌而出。

34.

心甘情願接受命運女神克羅索的安排，讓她隨心所欲織出你的命運絲線吧。

35.

萬事萬物都只會存在一天，會去記住的如此，被記住的同樣如此。

36.

隨時留意，萬事萬物都是因變化而生。宇宙本性太熱衷於改變事物的原貌，並創造出與既存事物相似的新事物。某方面而言，既存事物都是未來事物的種子。可是你內心想到的，只有灑進土壤或子宮的種子，這種想法實在相當粗俗。

37.

你很快就會離世了，為人卻還是不樸實，內心依舊煩惱不斷，擺脫不了害怕被外在事物傷害的擔憂，更無法和善對待眾人；而且，你也還沒將智慧單純用在正直為人上頭。

38.

認真觀察其他人的行動主宰原則，尤其是智者的處事態度，看看別人會迴避什麼、追求什麼。

39.

你眼中的惡，既不在他人的主宰原則裡，也不在肉體的起伏變化裡。惡究竟在哪裡？在你的內心，在讓你形成罪惡觀的力量裡。讓這股力量遠離這些念頭，就諸事太平了。要是與這股力量為鄰的肉體已經被切割燒灼，布滿了潰瘍爛瘡，那就讓這股力量保持平靜，先不要多想罪惡的事；換言之，要讓這股力量明白，同樣發生在壞人及好人身上的任何事，並沒有所謂好壞可言。因為，無論就順應或背離本性而活的人來說，任何同樣發生在兩者身上的事，既無所謂順應自然本性，也無所謂違背自然本性可言。

40.

無論何時，都要把宇宙當成一個共同的生命體，內含一個共同的實體、共同的靈魂；仔細觀察，萬物是如何與一種共同的感知能力，也就是這個生命體的感知能力建立聯繫的；觀察萬物如何隨生命體所具備的一種共同動力運轉；觀察萬物如何與既存事物互為因果；再觀察命運絲線如何不斷纏繞，如何構成縱橫交錯的網絡。

41. 愛比克泰德說：「你只是個渺小的靈魂，身上還裹著一具屍體。」

42. 事物的變化並非罪惡；事物因變化而存在，這點也無善可言。

43. 時間是由事件匯成的河流，水勢洶湧猛烈。當一樣事物出現蹤影，立刻會被水流帶走，並由另一樣事物取而代之；很快地，新的事物也會被水流帶走。

44. 世間發生的一切，就像春天裡的玫瑰、夏天裡的果實一樣，都如此常見、熟悉；至於疾病、死亡、誹謗、背叛，或是各種讓蠢人開心或煩惱的事，也同樣如此。

45.

在一連串事物當中，後發生的總是與先發生的牢牢相繫。這一整串名單，並不單純是將散落事物依次列舉，而是基於理性原則互相串連的。所有存在的事物，都是藉由安排，才能和諧共處的；同樣地，在我們眼前呈現的事物，不單表現出了先後次序，更彰顯了某種美妙的關係。

46.

隨時記得赫拉克利特的名言：「土死化水，水死化氣，氣死化火，次序互換，情形亦同。」隨時想想那些忘記前方道路通往何處的人；永遠不要忘記，人免不了和最親近的事物，也就是主宰宇宙的理性原則互相爭執；也不要忘記，人免不了對日常事物感到詫異。記得，當我們說話、行動的時候，不能像是處在睡眠狀態下一樣，因為即使在睡眠當中，我們的言行似乎還是會表現出來；記得，我們不能像是順從父母的小孩一樣，只會傻傻按照大人的意思說話、行動。

47.

就算有神說你明天會死，或者後天肯定會死，你也不應該在意自己會死在明天還是第三天，除非你是個卑劣小人；畢竟，這兩者有什麼差別呢？同樣地，不要老是想著自己能不能活過明天、能不能長命百歲。

48.

隨時想一想，多少醫生在病人面前眉頭深鎖，後來自己也死去了；多少占星師在大肆預言別人的死期之後，自己也死去了；多少哲人在拼命議論死亡或不朽之後，自己同樣死去了；多少戰士在滅敵千萬之後，自己也難逃一死；多少暴君在草菅人命、以不朽自居之後，自己也死去了；還有多少個城邦，譬如赫里克城③、龐貝城、赫庫蘭尼姆城等無數個例子，至今早已灰飛煙滅了。回想你認識的每一個人，一一加入上面的清單吧。葬人者難免一死，而人恆葬之，一切僅在須臾之間。總之，隨時認清人事的無常與渺小，昨日如黏液般的小小胚胎，明日也會化為木乃伊或灰燼。那麼，在這短暫的時間裡，請你順應自然而活，安心走完這段生命旅程，就像一顆熟透的橄欖，在離枝之際讚嘆自然的造化之功，也感謝樹木的養育之恩。

49.

讓自己像座海角一樣，即使被浪花不斷拍打，依舊能屹立不搖，馴服四周的狂潮。

有人說：「我不快樂，因為這事發生在我身上。」不是的，你應該要說：「這事雖然發生在我身上，我還是很快樂，因為我撐下來了，而且完全不為此受苦。我既沒被當下擊潰，也不為未來擔憂。」誰都有可能遇上這種事，但不見得所有人都撐得過去，還能不為此受苦。與其稱之為不幸，何不視之為好事一樁？與人的本性無違的事件，對你來說都叫做不幸嗎？與本性的意願無違的事件，在你看來會違背人的本性嗎？對於本性的意願，你其實心知肚明。既然如此，你還會被發生在你身上的事絆住，讓自己無法當一個正直、寬容、節制、謹慎、免於草率言行的人嗎？你會因此無法具備謙遜、自由等各種美德嗎？事實上，人的本性所具備的特質，都必須藉由這些美德彰顯出來。記得，當你每次陷入煩惱，都要把這項原則放在心上：事件本身並非不幸，能以高貴姿態面對事件才是大幸。

50.

有一種蔑視死亡的方法，雖然粗鄙卻不失功效；那就是，想想那些追求長生的人過得如何。和英年早逝的人比起來，他們真的獲得更多東西了嗎？不用說，他們最後都在墳裡長眠了，好比卡迪奇亞努斯、法比烏斯、尤利安努斯、勒皮篤斯這一類人，他們親手葬了許多人，後來也被人埋葬。雖說生與死的間隔如此短暫，但再想想，人要歷經多少磨難、與什麼樣的人為伍、拖著多孱弱的身體，才能拼命撐過這短暫間隔。要知道，生命是毫無價值的。昔日無窮無盡，未來無邊無際，相對於無限的時間，苟活三天或活過三代究竟有何差別[4]？

51.

無論何時都要走捷徑，捷徑才是自然之道。無論說什麼、做什麼，都要遵循最堅實的理性原則。朝這個方向走，就能使人免於煩惱、鬥爭、算計、擺弄炫耀。

①原文為 πρὸς τὰ ἡγούμενα，字面上的意思是「朝引領人的東西前進」。

②安東尼努斯所用的 κόσμος 一詞，同時包含了「宇宙」和「秩序」的概念，因此不容易將他的意思完整表達出來。

③見奧維德《變形記》第十五卷——「若你想找阿哈伊亞地區的赫里克與布拉城，只能沉到水底去找。」

④典出荷馬史詩人物涅斯托。特洛伊戰爭期間，涅斯托還跟小他三代的人同時活著；但無論如何，這些人最後都死了。安東尼努斯用 τριγερονίου 這個字來表達「三代」，有些作家會稱涅斯托為 τριγέρων。不過，這邊也有可能指荷馬史詩中的「蓋里尼亞騎士涅斯托」（Γερήνιος ἱππότα Νέστωρ）。

第五卷

命運不會給你無法承受的東西

我們應安於發生在自己身上的事；

若是我們的本性無法承擔的事，

就不會發生在自己身上。

又有人對我做了壞事嗎？讓他自己去煩惱吧。
他有他自己的本性，行為也是他自己選擇的。
無能又無知的靈魂，
怎麼可能干擾得了有本事、有智識的靈魂？

1.

當你早上又懶得起床，請在心裡轉一下這個念頭：我是為了盡人的職責才起床的。如果我是因為這些職責而存在、因為這些職責來到這個世上，起床盡這些職責又有什麼好怨的？難道，我是為了躲在被窩裡取暖才誕生的嗎？你說，我覺得這樣更享受。但是，你難道是為了享樂而生，而不是為了行動和努力而活的？你難道沒發現，微小的植物、小鳥、螞蟻、蜘蛛、蜜蜂會攜手合作，將身上的宇宙成分按秩序好好排列？所以，你還是不想盡人的職責、不願意盡快按本性做事嗎？你說，人還是得休息才行。沒錯，人確實得休息。但是，本性也劃定了休息的限度，就跟吃喝一樣，是有其限度的；結果你卻超出了限度，讓自己休息太多了。就行動而言，你反而做得不夠，還沒發揮應有的能力就停了下來。你顯然並不愛自己，因為如果愛，你就會愛自己的本性、尊重本性的意願。有些人熱愛自己擅長的技藝，發揮專長時樂此不疲，連洗澡、吃飯都不顧。不過，你對本性的重視實在不足，比不上木工尊重車床工藝、舞者尊重舞蹈技藝、守財奴珍視錢財、虛榮的人愛惜小小虛榮的程度。當這些人瘋狂愛上一件事，就會寧願廢寢忘食，也要把這件事做到最好。難道在你眼中，這些社會行為看起來相當粗鄙，不值得你為之努力？

2.

拒除各種擾人或不恰當的心像，讓心瞬間寧靜下來，這是多麼容易的事啊。

3.

凡是與你的本性契合的言行，都要看成是適合自己的，不要讓別人的責難或話語左右了你的判斷。只要你的言行合於善，就不要隨便抱持輕視態度，以為這些言行與你毫不相稱。這些人都有專屬自己的行事原則與風格，你完全不必在意對方，只要繼續邁開步伐，按照自己的本性與共同本性前進就好；這兩種本性，都將指向同一條道路。

4.

我循著與本性契合的道路前行，直到自己倒下、安息；直到我將生命氣息呼出體外，使之化為每日供給我生命氣息的元素，接著倒在那片給予我父親生命種子、給予我母親血液、給予我乳母奶水的土地上；直到我倒在那片多年來以食物及泉水餵養我的土地上；直到我倒在那片任我踩踏、百般利用，卻依然承載著我的土地上。

5.

你說，大家都無法欣賞你的睿智——姑且先認為你是對的吧。問題是，世上還有很多種美德，而且不是你說「我天生沒有這些美德」就可以打發過去的。所以，請展現你能夠掌控的美德吧：真誠、嚴肅、吃苦耐勞、厭惡享樂、不埋怨命運的安排、知足無求、仁慈、坦率、不貪多、言之有物、寬宏大量。你難道沒發現，你有很多可以立刻展現的美德嗎？自己沒天分、天生不適合都不是藉口，但你卻仍然甘願居於下流？還是說，你天生就是個瑕疵品，才被迫要當個愛抱怨、吝嗇、奉承、挑剔自己的身體、討好別人、炫耀賣弄、成天心神不寧的人？我的天，絕對不是如此；但其實，你很早以前就可以擺脫這些問題了。你會被人挑的毛病，可能只有反應太慢、悟性不足而已，但即便如此，你還是必須勤於補拙，不能忽視遲鈍的事實，或是以遲鈍為樂。

6.

有一種人，當他幫助別人的時候，隨時會在自己的帳上記下對方欠的人情。另一種人雖然不會動手記帳，但還是會記得對方欠的債，以及自己付出了什麼努力。至於第三種人，某種程度上完全不清楚自己付出了什麼努力，他就像是結了葡萄的葡萄藤，只要結出自己的果實，就別無所求了。做了善事的人，要像奔跑過的馬、捉到獵物的狗、釀了蜜的蜜蜂一樣，不需要大聲張揚尋求關注，而是繼續做下一件善事，像葡萄藤按照時令再次結果一樣。你說，人是不是應該當個只行動、不注意自己做過什麼的人？——是的。但你又說，人還是得注意自己做了什麼，因為一般來說，社會動物本來就會注意自己的行動是否對社會有益，也會希望身邊的同伴看見自己的付出。——你說的都對，但你沒弄懂我的意思；因此，你還是會變成上面所說的其中一種人，因為連這些人都會被看似有理的事物給誤導。不過，如果你願意弄懂我的意思，就不必害怕自己會錯失任何有益社會的行動。

7.

雅典人會這麼祈禱：賜雨吧，親愛的宙斯，請您賜雨吧，讓雨落在在雅典人的耕地上，讓雨落在平原上。——其實，我們完全不應該祈禱；但如果要祈禱，也應該走這種簡單而充滿情操的路線。

8.

既然我們會說，愛斯庫拉庇烏斯給病人開了練習騎馬、泡冷水澡或赤足行走的處方，我們同樣可以說，宇宙本性給人開了生病、殘疾、喪親或類似的處方。第一種情況裡的處方，指的是能促進病人健康的事物；至於第二種情況裡的處方，指的則是發生在每個人身上（或適合每個人）的事，某種程度上都是合於當事人命運的安排。這裡要表達的概念，跟我們說「某些東西適合我們」的時候是一樣的，或者像是建築工人把方形石頭嵌進牆壁或金字塔，讓石頭連成某種形狀的時候，會說「這些石頭很合」一樣。這時，事物結合成了一個和諧的整體。宇宙間不同的個體，會拼出一個共同的整體；同樣地，必然性（或命運）中包含的各個成因，也會組成一個共同的成因。再怎麼愚昧無知的人，也能明白我的意思，因為他們會說：「這個人會這樣，都是命中註定的。」也就是說，這個人所經歷的遭遇，正是命運替他開的處方。那麼，就讓我們接受這些事物，以及愛斯庫拉庇烏斯開的處方吧。他的處方雖然常常令人不悅，但為了改善健康，我們還是接受了。凡是共同本性認為善的事，你就視之為自己的身體健康，不斷琢磨到完美的境界吧。就算命運的處方再令人不悅，你還是不妨衷心接受，因為這些事物能使宇宙強健昌盛，也能讓宙斯（即宇宙）繁榮喜樂。要是宙斯替人安排的事物對整體無益，他就不會這樣安排了。而任何事物的本性，都不會讓違背本性目標的事情發生。你應該要安於發生在自己身上的事，原因有二：第一，這些事情都是因你而生，是專為你開的處方，更是來自你的命運絲線織出的最初成因，與你密切相連；第二，即使是單獨發生在每個人身上的事，都是能使掌管宇宙的力量喜樂圓滿、甚至能使其永續存在的成因啊！無論就構成整體的組織或創造整體的成因而言，要是你切斷了其中一段連貫性，就會破壞整體的完整性。一旦你開始怨東怨西，就會切掉這段由你掌控的連貫性，而且你這麼做，等於是想讓這段連貫性消失。

9.

如果你總是按照理性原則行動，卻依舊一事無成，也請不要因此厭煩、灰心或哀怨；失敗了，就從頭再做一次，只要你的所作所為大致符合人的本性，你就應該感到知足，並且熱愛自己重新做過的事。重新回歸哲學時，請不要把哲學當成學校老師；你應該要想像自己眼睛痠痛，正在用海綿和蛋清減緩疼痛，或者學其他人靠膏藥或沖水來處理。只要你這樣做，就不會背離理性之道，而且能從中獲得寧靜安詳。記得，哲學對你的要求不過是本性對你的要求，但你追求的事物可能有違本性。有人會懷疑：「難道，還有比我追求的目標更令人愉悅的事？」但不也是這樣，我們才容易在享樂時失足嗎？請想一想，擁有寬容、自由、簡樸、鎮定、虔敬這些美德，難道不會更讓人開心嗎？其實，世上最令人愉悅的事物，無非就是智慧。因為當你能發揮思考能力與知識，做起事來不就既穩當又順利嗎？

10.

在哲學家眼中，萬物太過深邃隱晦，難以理解。會這麼想的，還不單是少數或相對平庸的學者，連斯多噶主義哲學家也不例外。所有經過深思的定論，都有可能改變，所以，哪裡會有從不改變的人？想想物體本身，其存在如此短暫、如此無甚可觀，甚至可能落入齷齪之徒、娼妓、強盜的手中。再看看你身邊的人有何德性，想一想，即使是其中性格最好的人，都有令人難忍之處，遑論連自己都受不了的人了。在一片幽暗、汙穢之中，在不斷變動的實體流與時間流中，在移動與漂流於其上的事物當中，究竟有何值得盛讚或謀求之物？我想像不出來。但反過來說，人有責任安撫自己、靜待自然分解之時到來，無須為進度延宕而心煩，同時潛心相信以下原則，讓自己獲得安寧：第一，與宇宙本性不符的事，都不會發生在我身上；第二，我可以永不背離與我的神及內在神性，因為這屬於我的掌控範圍，沒有人能逼我違背原則。

11.

「我的靈魂此刻在忙些什麼？」每一刻，我都得問自己這個問題，再問問自己，我內心所謂的主宰原則，此刻裝了些什麼？我此刻的靈魂是什麼面貌？是個小孩？是個年輕男子？是個弱女子？是位暴君？是頭家畜？還是頭野獸？

12.

多數人認為好的事物，究竟是什麼？我們可以這樣判斷：如果一個人認定某些事物確實是美好的，譬如謹慎、節制、正義、堅毅，他就不想再去聽喜劇作家的玩笑話了，因為他說的那些玩笑話和這些美好事物格格不入；反之，如果一個人打算追求多數人認為好的事物，那麼，他就聽得進這位喜劇作家的玩笑，還會認為對方說得有理。顯然，連多數人都分得出其中的差別；若非如此，在第一種情況下，我們就不會覺得作家的玩笑話刺耳，也不會直接拒絕討論了。然而，當玩笑主題換成聚斂財富、追名逐利，我們卻覺得妙趣橫生，十分動聽。請進一步問問自己，如果我們聽了那位喜劇作家的玩笑，覺得「這人的財產包山包海、樣樣不缺，卻連座能蹲的茅坑都沒有」這段嘲諷相當精準，那麼被嘲諷者所擁有的事物，究竟還算不算是有價值的好東西呢？

13.

我是由形式和物質組成的；這兩者都不會幻滅為虛無，正如兩者皆非生於虛無。我的每個部分都會經過變化，消融為宇宙的某個部分，繼而變化為宇宙的另一個部分，如此轉變，循環不息。我因為這樣的轉變而存在，我的父母同樣因此存在，如此回溯，永無盡期。這是無庸置疑的真理，儘管宇宙是由固定週期的循環所掌管的。

14.

理性與理性思考技藝（即哲學）這兩股力量，就力量本身或其帶動的結果觀之，都是獨立自足的。它們將自身的原則視為第一原則，並由此出發，朝著早已被設定好的目標前進。正因如此，這類行為才稱作 Catorthoseis（「正確行為」），意指沿著正確道路前進。

15.

當人身為人時，所有不屬於人的事物，都不能算是人的一部分。人不需要這些事物，這些事物不必然出現在人的本性當中，更無助於本性達成目標。人不能將目標寄託在這些事物上，也不能將有助於完成目標的事物寄託其上，而有助於完成目標的事物，指的就是善。此外，假使其中有些事物確實屬於人，那麼無論予以鄙視或抗拒，皆非恰當之舉；佯裝不需要這些事物的人，同樣不值得讚許；如果這些事物確實是善的，那麼連接觸都不情願的人，則無善可言。但話說回來，當人刻意遠離這一類事物，或者被迫與此分離之後，只要越耐得住失落，就越算得上是個好人。

16.

你越習慣這樣思考，內心就越會變成同一個模樣，因為人的靈魂會染上思維的色彩。如果要替靈魂染色，就拿底下這一連串思維來染吧：比方說，凡是能讓人存活之處，人都能好好過活；就算人必須活在宮廷裡，沒錯，他還是能好好過宮廷生活。又比方說，無論每樣事物的存在目的為何，它就是為了此一目的而生，而且會朝此目的邁進；終點就蘊含在預計達成的目的內，而終點之所在，即事物的優點與善之所在。對理性動物而言，善就是社會；如先前所言，人皆為了社會而生。低賤者為高尚者而生，不是顯而易見的道理嗎？無生命的事物不如有生命者高尚，而僅有生命的事物又不如具備理性者高尚。

17.

追求不可能的事物，無異於瘋狂；但期待惡人不做惡事，卻是不可能的。

18.

一個人的本性無法承擔的事，就不會發生在自己身上。別人雖然經歷了同樣的遭遇，但由於對事件渾然不覺，或因為故作堅強，反而讓他們屹立不搖、毫髮無傷。愚昧與自大的威力居然能勝過智慧，真令人無奈啊。

19.

事物本身無法觸及靈魂，連一絲機會都無；事物也無法進入靈魂，更無法使靈魂轉向或移動，其實，靈魂單靠自己就能轉向或移動了。當靈魂認定某個念頭是適當的，便會以此為據，將眼前的事物調整成自己需要的樣貌。

20.

從某方面來看，人是和我最親近的事物，因為我必須與人為善、包容他人。但如果有人對我構成阻礙，使我難以循正道而行，人對我而言就成了中立的事物，與太陽、風或野獸無異。的確，人有可能阻礙我行動，卻無法阻礙我的意願與本性。我的意願與本性是會隨機應變的：心能將各種行動阻力化為助力，因此，阻力反倒成了行動助力；橫在路途上的障礙，反而能幫助我們繼續前進。

21.

請崇敬宇宙間最美好的事物，也就是能善用一切、主宰一切的事物。同樣地，請崇敬你內在最美好的事物，也就是與前者類似的事物：這樣的事物，同樣能善用你內在的一切，並主宰你的生命。

22.

對城邦無害的事物，對公民也無害。每當你覺得自己被傷害了，就回想以下這條原則：如果城邦並未因此受損，我也不可能蒙受傷害。然而，要是城邦真的受損了，請不要對加害者發脾氣，而是要讓對方明白自己錯在哪裡。

23.

隨時想想，無論是既存事物或隨之而起的事件，來去都如此快速。事物的實體如川流不息，而事件變幻無常，起因難以窮盡，幾乎沒有什麼能恆常不輟。再想想，你身邊尚有過去與未來兩道無底深淵，會將一切事物吞噬殆盡。如果有人拿這種事物自吹自擂，或者為之煩悶哀愁，卻沒發現這種困擾總有盡頭，甚至轉瞬即逝，這人難道不蠢嗎？

24.

想想整個宇宙實體，你所占的分量微乎其微；想想整個宇宙時間，你分到的不過是微渺的一瞬；再想想整個命運，你在其中所占的比例，是多麼微不足道啊。

25.

又有人對我做了壞事嗎？讓他自己去煩惱吧。他有他自己的本性，行為也是他自己選擇的。我現在所擁有的，是宇宙本性希望我現在擁有的；我的本性現在要我做什麼，我現在就照著做。

26.

讓你靈魂的主宰力量保持平靜，不被快感或痛苦等肉體騷動所擾；不要讓靈魂和肉體彼此糾纏，請替靈魂劃定勢力範圍，再把感受還給肉體。但有時候，感受會循著體內先天的身心連結湧入心靈，這時，請你不要極力抗拒，因為這些感受都是自然的。不過，也不要任由你的主宰力量妄下論斷，替感受添上善或惡的色彩。

27.

與眾神同在。真正與眾神同在的人，會向眾神表示自己的靈魂對於分配到的事物已經心滿意足，而且這些事物的運作方式與個人天性相互契合。宙斯將身上的一部分給了人，作為每個人的守護力量和指引，這就是個人天性，也是每個人的悟性和理性。

28.

你會對有狐臭的人生氣嗎？你會對有口臭的人生氣嗎？你生這種氣有什麼用？這個人的嘴巴、腋窩就是如此，這些部位就是會散發氣味。有人會說：「這個人是有理性的，他只要用心思考，就會知道自己哪裡惹人厭。」聽你這麼說，我只能祝福你了。我說，你也是有理性的，你可以用自己的理性能力喚起對方的理性能力，讓他明白自己的錯誤，給他勸誡。如果對方聽得進去，你就能治好他，用不著生氣了（也不需要悲劇演員或妓女）[①]。

29.

如同你耗盡的時候還想活下去……你還是有能力選擇活在世上。但如果人們不准你活，那就離開人世吧，不過，你也要表現出沒受委屈的樣子。「如果屋子裡煙霧瀰漫，我就離開。」[②]那你還有什麼好煩惱的？只要沒有同樣的東西逼我離開，我就繼續留著，當個自由自在的人，而且一旦我決定做些什麼，就沒有人能阻止我；而我所做的決定，都與理性動物及社會動物的本性相符。

30.

宇宙智慧的核心原則是社會。依此原則，又創造了順服高尚事物的低賤事物，並使高尚事物相諧相容。你看看，宇宙智慧讓一切事物主從有序、彼此協調，給予每樣事物應得的部分，並讓最美好的事物互相調和、和諧共生。

31.

你一向如何對待眾神、父母、手足、子女、老師、兒時家教、朋友、親戚和奴隸？想一想，你向來對待這些人的方式，算不算是「沒做過一件錯事，沒說過一句錯話」？想想你經歷過的種種遭遇、忍耐過的種種事物，至此，你的人生歷程已經圓滿了，責任也告一段落了；想想你見過的種種美好，想想你鄙夷過的種種苦樂，想想你藐視過的種種名聲與榮譽，再想想你善待過的種種陰險小人。

32.

無能又無知的靈魂，怎麼可能干擾得了有本事、有智識的靈魂？有本事、有智識的靈魂是什麼樣子？這樣的靈魂深諳事物始末，同時明白理性遍布所有實體之間，並以固定週期的循環永恆掌管著宇宙。

33.

很快，你就會化為煙塵、化為枯骨，或者徒留名號，甚至連名字都留不住；但名字，不過就是聲響與回音罷了。人世間看似貴重之物，盡是一片虛無腐朽，無足輕重，就像是小狗彼此撕咬，也像是小孩爭吵、歡笑又轉眼掉淚。但忠誠、謙遜、正義與真理已經消失無蹤，「從遼闊的平原飛入奧林帕斯山了」（出自赫西俄德《工作與時日》）。

所以，你究竟為了什麼而流連世間？你沒發現，我們所感知的事物一向變動不止、我們的感官既遲鈍又常接收假象，而且生命只是血液散出的蒸氣嗎？世間的名譽，不也全是一場空？無論最後的結果是消亡還是變化，你何不靜待結局到來？但要是結局尚未到來，你該做些什麼？其實，你只需要崇敬眾神、讚美眾神、與人為善，並且包容他人、克制自己③；對於一介肉身外的事物，你只要記得全都不屬於你，也不在你的控制範圍內，這樣就夠了。

34.

如果你能走上正途，循正途思考、行動，就能過幸福順遂的人生。神的靈魂、人的靈魂，以及每個理性生命體的靈魂，都有以下兩個共通點：第一，不會被外界干擾；第二，以秉持正義、堅行正道為善，讓欲望就此消失。

35.

如果這既不是我的惡，也不是由我的惡引發的事，而且公眾利益並未受損，我又何必為此心煩？再說，這事哪裡損害了公眾利益？

36.

不要輕易為事物表相所惑，請盡你所能、按他人所需幫助大眾。當對方為了中立的事物蒙受損失，請你不要認為對方有所損失，因為，這只是一種壞習慣。就像那位老人，在離世前向義子要回了陀螺，雖然明知這只是個陀螺；換作是你，你也該這麼做。

你在演講台上大聲疾呼，但老兄，你難道忘記了這些事物的本質嗎？你說：我沒忘，但大家都很在乎這些東西。——所以，你也想被這些東西愚弄嗎？你又說：我曾經是個幸運的人，但不知為何，我的運氣就這樣沒了。——但所謂的運氣好，指的是人能給自己添好運；而所謂的好運，乃是良善的靈魂本性、良善的情緒、良善的行為。④

① 這句話可能沒寫全，或是被人改動過。本卷第二十九章開頭，也出現了文意不順或沒寫全的情形，原文是 ὡς ἐξελθὼν ζῆν διανοῇ，而蓋塔克譯為「如同你即將要離世一樣」；但 ἐξελθὼν 這個詞不能這樣翻譯。此處選擇照字面直譯，維持沒寫全的原貌。

② 見愛比克泰德《語錄》第一卷第二十五章。

③ 即斯多噶主義的箴言 ἀνέχον καὶ ἀπέχον，前半句要人安心接受他人與事物的本性，後半句點出了「自制」的美德，也就是克制內心衝動。

④ 此段文義不明，內文有多處被人改動，使得背後的概念晦澀難解。整段可能是不同內容胡亂拼湊的結果，此處基本上選擇緊貼字面翻譯。

第六卷

人事物沒有好壞之分

如果我們以好壞區分他人，
便會心存怨恨、妒忌。
很多事都像是體育場上的惡意，
我們可以選擇敬而遠之，
同時不加猜忌或憤怒。

報復他人最好的方式，
就是不要讓自己變得像對方一樣。

1. 宇宙的本性乖順溫馴，而主宰宇宙的理性毫無作惡動機。理性不具惡意、從不為惡，沒有任何事物會蒙受其害。萬物因理性而誕生，也因理性而完熟。

2. 無論你是冷或暖、是昏昏欲睡或精神飽滿、是臭名在外或備受稱讚、是瀕臨死亡或有其他事要忙，只要你能善盡個人職責，就不必讓自己被這些狀態影響。即使是人之將死，也是諸多生命過程中的一項；因此，我們就算處在這項過程裡，只要善盡職責就足夠了。

3. 深入觀察。不要讓事物的特質或價值從你眼前溜走。

4. 世間的事物總是瞬息萬變，如果其實質同屬一體，事物便會化為蒸氣，否則便會崩解四散。

5.

掌管一切的理性深知自身意向，也清楚自身行為的內容與對象。

6.

報復他人最好的方式，就是不要讓自己變得像對方一樣。

7.

當你從某個社會活動進入另一個社會活動，只要時時想著神，就能獲得快樂與寧靜了。

8.

主宰一切的原則會自我覺醒、自行運轉，並將自己形塑成當前的模樣及自身所願的模樣。針對所發生的一切，主宰原則也會依自身所願使之現形。

9.

每樣事物的完熟，都是順著宇宙本性進行的，且能使事物完熟的本性僅此一種，別無他類；既非覆於宇宙本性外的本性，亦非包納於宇宙本性內的本性，更非獨立於宇宙本性外的本性。

10.

宇宙要不就是渾沌、錯綜複雜與崩解四散，要不就是統一、有序與神意。如果前者才是事實，我為何還想在這些偶然的組合與混亂中流連徘徊？除了「我終將化為塵土」，還有其他事值得我關心嗎？無論我做些什麼，都不免崩解四散一途，我又何必心煩意亂？如果後者才是事實，那麼我會滿懷敬意，抱著堅定的心相信宇宙的主宰者。

11.

當你似乎受到環境干擾而心煩時，請盡快收斂心神，不要讓自己身陷其中，無法自拔。只要能一再收斂心神，就更容易讓自己進入和諧狀態。

12.

如果你同時擁有繼母和生母，請善盡你對繼母的責任，但也要隨時回到生母的懷抱。現在，請把宮廷和哲學視為繼母和生母：隨時回到哲學的懷抱，在她懷裡歇息，靠著哲學，你就能接納宮廷裡的遭遇，宮廷也會接納你。

13.

面對眼前的肉食和其他食物，我們會萌生一幅心像：這是一條魚的屍體，這是一隻鳥或一頭豬的屍體；我們還會覺得，這法勒尼恩酒只是一點葡萄汁液，這紫袍只是貝殼血浸染過的羊毛。我們的心像就是如此，心像會接近並穿透事物，讓我們看清事物的本質。我們一生都應該用這種方式行動，對於看似最值得讚許的事物，我們必須剝光表相，看清內部的粗鄙本質，同時褪去加諸其上的溢美之詞。表相最容易蒙蔽理智，當你以為自己的努力一切值得，其實是受騙最深的時候。總之，想想克拉底斯對色諾克拉底斯的評論。

14.

普羅大眾欣賞的事物，多半是最普通的一類，也就是單靠內聚力形成、結構天然的事物，像是石頭、木頭、無花果樹、葡萄藤、橄欖；稍具理智的人會欣賞具備生命的事物，譬如禽鳥走獸；至於理智更強大的人，則會欣賞具備理性靈魂的事物。這裡所說的理性靈魂，並不涉及普世性的概念；只要靈魂熟悉某種技藝、擅長某些技術，或者純粹擁有成群的奴隸，就能被稱為理性靈魂。但是，當一個人欣賞理性靈魂時，如果能著重其中的普世性和社會性，就不會分神欣賞其他事物；他會專心看顧自身靈魂的狀態，讓靈魂的行為既理性又合群，同時和同道中人攜手完成這項目標。

15.

有些事物匆匆顯現，有些匆匆消逝；至於已經顯現的事物，身上有一部分也滅絕了。事物的運行和變化讓世界不斷更迭，就好比奔流不息的時間，會讓無數個時代一再更迭。在這股流水當中，事物總是來去匆匆，無法滯留，有何彌足珍貴的部分可言？好比有人愛上一隻飛過眼前的麻雀，才剛投入感情，麻雀便了無蹤影。人的一生大致如此，彷彿血液散出蒸氣、空氣進出身體；我們吸氣、吐氣的動作，都在頃刻之間完成，就像是整體的呼吸功能，你昨天誕生時才接收了它，今天又將它還給了來源。

16.

無論是像植物一樣散熱、像家畜或野獸一樣呼吸、接受事物表相所形成的心像、像傀儡一樣受欲望擺布、習慣成群結隊或進食行為本身，都不是值得看重的事；以上這些行為，全都跟我們切割食物、剔除不能食用的部分毫無二致。所以我們到底該看重什麼？掌聲嗎？不，我們連喝采都不應該看重，因為眾人的喝采只是彈舌的聲響。假設你已經置名聲於度外，不在乎這毫無價值的事物了，那麼，究竟還有哪些事物值得看重？我認為，還有一件事值得重視：按個人內在結構採取行動並自制，這也是各種職業與技藝所追求的目標。這是每門技藝追求的目標，也就是被製造出來的事物，都應該與當初的製造目的相符。無論是照料葡萄藤的葡萄農、馴馬師或馴犬師，他們追求的目標都是如此。至於我們教育、指導下一代時所追求的目標，同樣如上所述。當你的努力有了收穫，你就不會眷戀別的事物。你還對其他事物念念不忘嗎？只要你放不下，就過不了自由自在、知足常樂、無欲無求的生活。只要別人能從你手上剝奪這些事物，你必然會羨慕、嫉妒、猜忌對方；看見別人擁有你重視的事物，你也不免萌生詭計惡念。放不下這些事物的人，內心必然會煩亂不已，而且會經常埋怨眾神。但你只要能崇敬、重視自己的心靈，就能讓自己安樂知足、與他人和諧共榮、與眾神契合；所謂與眾神契合，意指讚美眾神所給予、安排的一切。

17.

元素會朝上、朝下、朝四周運動，但美德的移動軌跡並非如此。美德是種更加神聖的事物，總是以隱而不顯的方式，在自己的道路上悠然前行。

18.

人的行徑多麼奇怪！一般人不會讚揚和自己同時代的人，也不會讚揚活在自己身邊的人，但卻盼望後代子孫讚揚自己，而且這些子孫還是自己從未見過、也永遠見不著的人。這就如同你的祖先從未讚揚過你，你卻因此傷心難過一樣奇怪。

19.

對於你辦不到的事，不要以為其他人都辦不到。對於其他人辦得到且合於其本性的事，你也要認為自己辦得到。

20.

假設有人在練體育的時候，用指甲劃破了你的皮膚，還衝向你的頭弄傷了你。這時候，我們不會表示憤怒、不會生氣，日後也不會懷疑對方圖謀不軌。但我們還是要防著這個人，只是既不把對方視為敵人，也不讓自己疑神疑鬼，只要敬而遠之就好。對於人生中其他的事，你也要採取這樣的行為模式；很多事都像是體育場上的惡意，但我們最好置之不理。我也說了，我們可以選擇敬而遠之，同時不加猜忌或憤怒。

21.

如果有人能指出我思想或言語上的缺失，而且能夠說服我，我就會樂意改進；因為我追求真理，真理是傷不了人的。有錯卻執迷不悟的人，才會讓自己受傷。

22.

我只管善盡個人職責，不去操心其他事物，因為這些事物要不沒有生命、毫無理智，要不四處晃蕩，漫無目的。

23.

面對不具備理性的動物，乃至於其他各種事物，你要抱著寬容而自由的心善加利用，因為人有理性，它們沒有。但面對具備理性的人類，你要抱持群體精神與之來往。你在任何時候都要向眾神求助，而且不要苦思這件事該花多少時間。即使你只花三小時求助，也是足夠的。

24.

馬其頓的亞歷山大和他的馬伕，死後都呈現同一種狀態：他們不是被納入同一套宇宙創生法則，就是像原子一樣分解四散。

25.

試想在同一瞬間，我們身上就發生了這麼多事，有關於身體的，也有關於靈魂的。所以在我們稱作宇宙的這個整體之內，如果有更多的事、甚至所有事都同時發生，你大可不必感到詫異了。

26.

如果有人問你「安東尼努斯」這個名字怎麼拼，你會不會使盡力氣，一個字母一個字母拼給對方聽？要是對方生氣了，你會跟著生氣嗎？你還能鎮定地把剩下的字母念完嗎？所以，請你一輩子提醒自己，每項責任都是由許多事情構成的。你的責任就是仔細觀察這些事情，如果有人對你發脾氣，你也要氣定神閒、不露慍色，繼續完成你當下所肩負的任務。

27.

禁止人們追求自認符合本性且有益的事，實在是太殘酷了！可是當別人犯錯而惹惱你的時候，你似乎又會禁止人們這樣做。其實人們總是一廂情願，不斷追求自認符合本性且有益的事物。你說，他們的想法完全錯誤。好吧，那請你替他們指點迷津，而且態度要心平氣和。

28.

所謂死亡，意指因感受而起的心像、牽動體內神經的欲望、全力翻騰的思緒、以及對肉體的順從服侍等情形皆不復存在。

29.

人生在世，當身體尚未屈服，靈魂卻率先屈服，就是件可恥的事。

30.

請當心，不要讓自己淪為凱撒之流，不要染上這類人的色彩，因為這種事經常發生。請永保純樸、善良、純潔、嚴肅、不做作、愛好公義、崇敬眾神、和善、友愛、盡心盡責的特質，努力讓自己成為哲學想形塑你的模樣。請崇敬眾神，幫助他人。生命何其短暫，我們走過塵世這一遭，只會結出一種果實，那就是虔誠的性格、有益群眾的行為。無論你採取任何行動，都要以皮烏斯的門徒自居。請你記住，他總是堅持按理性而行動，還有他一貫的公正不阿、他的虔誠、他寧靜的面容、他的溫柔、他對虛名的鄙夷、他為了理解事物所下的工夫；請你記住，他會仔細檢查每一件事，務求透徹理解才放心；他會原諒無理取鬧、隨便怪罪他的人，而不會反過來怪罪對方；他做事永遠不慌不忙；他不聽信謠言；他會仔細檢視人們的儀態和行為；他從不指責別人，也不膽怯、不多疑、不行詭辯之術；在屋舍、寢具、服裝、食物、奴僕等方面，他過得樸素又知足；他既勤勞又有耐心；他只需要吃點簡單的食物，就能一路工作到晚上，而且除了固定時間之外，他不太需要如廁；他對待朋友的方式堅定而一致；他能接納異議人士，允許對方自由表達意見；只要有人提出更好的見解，他就樂在其中；他十分敬畏神明，卻毫不迷信。你要仿效他所有的言行，等到你臨終之際，就能像他一樣擁有美好的良知了。

31.

請找回清醒的感覺，喚回自我；如果你剛從睡夢中醒來，卻發現方才困擾你的只是夢一場，那麼現在趁自己還醒著，請用面對夢境的方式面對與你相關的現實。

32.

我是由一具渺小的肉體、一個靈魂構成的。對這具渺小的肉體而言，所有事物都與己無涉，因為肉體無法辨別事物的差異。可是對於悟性而言，那些不是因悟性活動所形成的事物，才真正與己無涉。凡是因悟性活動而形成的事物，都在悟性的控制範圍內。但在這類事物當中，又只有和當下相關的才與悟性相涉，因為就連過去與未來的心靈活動，都與當下的悟性無涉。

33.

只要手做了手該做的工作，腳做了腳該做的工作，手腳勞動就不會違反自身本性。同樣地，人只要做了自己該做的工作，他的勞動就不會違反自身本性。只要他的勞動不違反自身本性，就不會是件惡事。

34.

強盜、弒父者、暴君究竟享受過多少快樂？

35.

你沒發現，工匠技師儘管會對外行人妥協讓步到某種程度，卻會同時堅守技藝的理性原則，連半分偏差都無法接受嗎？建築師和醫師相當尊重自身技藝的理性原則，但一般人對於自身的理性，也就是與眾神共通的理性卻不加尊重，這難道不奇怪嗎？

36.

亞洲、歐洲只是宇宙的一角；海洋只是宇宙中的一滴水；阿索斯山只是宇宙裡的一小塊土；每個當下都只是永恆中的一個點。所有的事物都如此渺小，而且變幻無常、轉瞬即滅。萬物都源自那股宇宙主宰力量，或直接脫胎，或依次而生。由此觀之，無論是獅子大開的雙顎、毒物，或者植物的刺、泥巴等有害事物，都是由崇高美麗的事物演變而來的。所以，請不要誤以為這些事物與你崇敬的對象不同，而是認清萬物如何同源。

37.

看過了當下，就等於看遍自古以來發生的一切，以及無止境的未來會發生的一切；畢竟，所有事物的來源相同，面貌也相同。

38.

隨時想想宇宙中所有事物的連結，以及事物彼此之間的關係。某種程度上，所有事物都會互相牽連，形成親密融洽的關係。事物總是依序相生，靠著積極活動、攜手合作、實體的統一，建立起因果關係。

39.

你要去適應命中註定的事物，而且要去愛你註定會遭遇的人，但要發自內心愛他們。

40.

每一種器械、工具、器皿，只要能實現當初的製造目的就是好的，只是製造者並不在場而已。但由自然形塑的事物，內在都具備形塑的力量，而且這股力量始終存在；因此，你更應該崇敬這股力量，也更應該想想，如果你能順其意志過活、行動，你內在的一切都會順應智慧而行。同樣地，宇宙間屬於這股力量的事物都會順應智慧而行。

41.

對於不在你控制範圍內的事物，要是你以為其中有好壞之分，則當你遭遇壞事或失去美好的事物，你必然會怨天尤人；你可能怨恨真正的罪魁禍首，也可能怨恨疑似致禍的人。事實上，這樣做的確有失公道，因為我們硬是靠好壞區分這些事物（我們不認為這些事物是中立的）。反之，如果我們只對控制範圍內的事物區分好壞，就毫無立場埋怨上天或仇視他人了。

42.

我們都朝著同樣的目標攜手努力，有些人明白這點，而且帶著意識行動；有些人只是出力，卻不明白自己在做些什麼。我想，這就是赫拉克利特所說的「人即使在睡夢中，都會為了宇宙間的事物與他人攜手合作」。不過，人們合作的方式五花八門，即使是滿口怨言、企圖妨礙辦事進度的人，都稱得上貢獻良多；畢竟，宇宙也需要這類人物。你想成為哪一類工作者，得由你自行決定；主宰一切的力量肯定會善用你的才能，並在攜手共事的工作者之間替你安插位置。不過，請不要變成克律西普斯說的那種粗鄙滑稽的劇中角色。

43.

太陽是否承擔了降雨的工作？愛斯庫拉庇烏斯是否承擔了果神（即大地）的工作？至於每個星辰，它們難道不是各自不同，卻又為了相同的目標攜手合作嗎？

44.

關於我自己，以及必定發生在我身上的事，如果眾神已經全都安排好了，這樣的安排就是妥當的，畢竟，我們實在難以想像一位神會缺乏先見之明。至於對我有害的情形，他們為何決定如此對我？他們這麼做，對自己或對宇宙整體有什麼好處？他們的旨意有何特殊目的？要是他們的安排不是為了我個人著想，至少肯定是為了宇宙整體；在眾神安排下發生的事，我理當欣然接受、安心知足。然而，倘若眾神從不做任何安排——只是，這是種不敬的想法，因為當我們如此相信時，就有可能不再獻祭、祈禱、對神發誓，或不再從事其他敬神的行為，畢竟我們目前會從事這些行為，都是因為相信眾神存在，而且與我們休戚與共——如果神所安排的事都與我們無關，我也依然能安排關於自己的一切，並思索真正有益的事：能順應每個人內在組織及本性的事，就是真正有益的事。不過，我的本性既有理性的一面，也有社會性的一面；只要我是安東尼努斯，我的城邦及國家就是羅馬；只要我身為人類，我就是世界。對這些城邦有益的事物，對我個人同樣有益。

45.

發生在每個人身上的事，對整體都是有益的，這樣或許就夠了。但是當你進一步觀察、細心思考，便會發現一項普世的道理：對某個人有益的事物，對他人也是有益的。這裡所謂的「有益」，要按照一般的定義，也就是大家看待中立（不好也不壞）事物的方式去理解。

46.

在圓形劇場或類似場所中，同樣的戲碼看久了，你總會感到厭倦。人的一生也是如此，因為從上到下的所有事物既為同類，又屬同源。所以你想再看多久？

47.

請你隨時記得，形形色色的人、追求各種目標的人、各種民族的人都死了。

想想菲利斯提翁、費布斯、歐里加尼翁這些人；接著，再想想其他類型的人。我們必須踏入一個世界，在這個世界裡，有許多偉大的演說家、哲學家，譬如赫拉克利特、畢達哥拉斯、蘇格拉底，也有許多傑出的先烈，以及追隨他們的將領和暴君；此外，還有歐多克索斯、希帕克斯、阿基米德，以及其他出眾的天才、善思者、勤懇者、多才多藝者、自負者，甚至是喜愛嘲諷短暫易逝的人生，如梅尼普斯這一類的人。對於這些人，我們要想到他們早已長眠地底了。所以有什麼事傷得了他們？至於那些籍籍無名的人，又有什麼事傷得了他們？世間真正有價值的事，只有這麼一件：行真理與正義的路，並抱持慈愛之心度過一生，即使面對騙徒與不義之人亦然。

48.

當你打算行樂時，想想你身邊的人有哪些美德，譬如這個人活力十足、那個人謙沖自牧、另一個人心胸開闊，以及其他人的美好性格。我們身邊的人如果能透過舉止展現這些美德，而且使之不斷呈現在我們眼前，那真是天底下最讓人愉快的事。因此，我們必須時時刻刻與這些美德為伍。

49.

你的體重只有這樣，不到三百磅，但我想，你不會因此而不滿吧？那麼，你也不必抱怨壽命不夠長，只能活這些歲數了。既然你能接受自己應得的身體質量，就同樣接受自己應得的壽命吧。

50.

讓我們先試著用道理說服他人。如果大家還是不為所動，你就按照公義原則行動，不必在乎其他人的想法。要是有人強行攔住你的去路，你也要抱持知足、平靜的心，同時將挫折化為實踐美德的契機；記得，你的努力必須有所保留，不要企圖達成不可能的目標。你想做的事有哪些？——大概是這一類的事。——雖然你想做的事還沒完成，你也已經達成目標了。

51.

熱愛虛名的人，會把自己的幸福建立在他人的行動上；熱愛享樂的人，會把自己的幸福建立在自身的感受上；有悟性的人，會把自己的幸福建立在自身的行動上。

52.

面對事物時不產生意見、靈魂不為之躁動，都是我們能力所及的事；因為，事物天生並不具備讓我們產生意見的能力。

53.

讓自己習慣傾聽他人的話語，盡可能深入對方的內心。

54.

對蜂群有害的事物，對單一一隻蜜蜂同樣不利。

55.

要是水手辱罵舵手，或者病人辱罵醫生，他們還聽得進誰的話？這時候，舵手還有辦法擔保全船的安危，醫生還能擔保病患的健康嗎？

56.

和我一同降生的人，已經離世的還真不少！

57.

對罹患黃疸的人而言，蜂蜜是苦的；對遭狂犬所咬的人而言，水會讓他們驚恐；對小孩而言，球就是寶物。所以我為何要生氣？你是不是認為，比起黃疸病人體內的膽汁，或者遭狂犬所咬的人體內的毒素，錯誤的念頭威力較弱？

58.

沒有人能阻止你按照本性的理智而活，凡是與宇宙本性理智相違的事，不會在你身上發生。

59.

人們想討好的對象是哪種人？人們討好的目的有哪些，手段又是哪些？過沒多久，時間就會吞沒一切！看看有多少事物已經被時間吞沒了！

第七卷

別受情緒擺布

不要替未來的事擔心，

該來的事總是會來；

不要和他人共悲，

情緒不要隨之震盪；

每當你遭遇痛苦時，

請記住一點：痛苦並不可恥，

也不會磨損你的主宰智慧。

我們沒必要對事物發脾氣，
因為事物完全不在乎。

1. 什麼是惡？惡是你常見的事物。無論發生任何事，請你一律想著「這是常見的事物」。不管上天下地，你都會遇上同樣的事物；在遠古、中古及近代歷史當中，在現今的城邦及屋舍裡，都充斥著這樣的事物。這世間毫無新鮮事，所有事物不但尋常，而且稍縱即逝。

2. 我們的原則怎麼可能消亡？除非連與原則對應的心像（念頭）都滅了。但是，讓這些念頭熾烈燃燒、持續不衰，其實是你能力所及的事。面對任何事物，如果我都能萌生這樣的念頭，我又何必心煩意亂？位在我心靈之外的事物，和我的心靈毫不相干。接受這一點，你就能昂首自立。你有辦法讓自己重獲新生。請你再看一眼曾經看過的事物，因為只要這麼做，就能讓你重獲新生。

3. 無謂的賣弄、戲台上的劇碼、成群的牛羊、耍刀弄槍的演出、扔給小狗的骨頭、拋入魚池中的麵包屑、螞蟻的勞碌與負重搬運、小老鼠的倉皇奔逃、線牽的傀儡——這些事物彼此都差不多。當你置身這些事物之間，應該要保持心平氣和，不可傲氣逼人。你還得明白，每個人所具備的價值，跟自己熱衷的事物所具備的價值是一樣的。

4.

在言談中，你得認真留意每一句話；在行動中，你得認真觀察每項所為。就後者而言，請直接觀察每項作為的目的；就前者而言，請仔細推敲每句話的涵義。

5.

我的悟性能不能勝任這項工作？如果能，我就要把悟性視為宇宙本性賜給我的工具，用來完成這項工作。如果不能，我可以選擇退出這項工作，讓能做到好的人接手，除非我有不能夠退出的理由；我也可以選擇盡力而為，同時找個助手幫忙，這個人能順著我的主宰原則，採取在當下有益於眾人的適切行動。我不管做什麼工作，哪怕是獨立作業或與人合作，都必須朝對社會有益且合宜的方向前進。

6. 有多少享譽一時的人，最後都被遺忘了；有多少替人歌功頌德的人，最後都不在世上了！

7. 不要羞於求助，因為你必須像攻城中的士兵一樣完成任務。想想看，當你因為跛腳而爬不上城垛，卻能在別人的幫助下攀爬上去，你會怎麼辦？

8. 不要替未來的事擔心。該來的事總是會來，到時候，你會依然保有面對當前事物的理性。

9.

所有事物都纏繞相繫，而且彼此之間的連結都是神聖的，世上幾乎沒有事物不會和別的事物產生連結。事物在安排之下各就其位，並共同建構了宇宙秩序。這樣的一個宇宙，裡頭包含了所有事物；普遍存在所有事物之間的只有一個神明，而且只存在一種實體、一項法則、一種有智動物所共有的理性、一項真理，因為對來源相同、共享同一種理性的動物而言，至善境界也只有一種。

10.

很快地，所有物質都會消失在宇宙實體中；很快地，各種形體（成因）都會回歸宇宙理性；很快地，一切的記憶都會被時間吞沒。

11.

理性動物的每一個行動，都是既符合自然本性、又符合理性的。

12.

自己步上正道，或者被人帶入正道。

13.

正如軀幹與四肢合為一體，各自獨立的理性生命體也一樣，都是為達共同目標而相輔相成的。只要你經常對自己說「我是理性生命整體系統的一員」，你就能更加明白這個道理。但是，如果你說「我是理性生命整體系統的一部分」，你還稱不上發自內心愛人，你還稱不上因行善之樂而樂；你仍然是為了盡義務而行善，不是為了對自己行善。

14.

不妨儘管讓外在事物隨意發生，任其影響會受影響的部分，這些部分如果想抱怨，就任它們抱怨吧。但是，除非我將所發生的事視為惡，否則我不會因此受傷，而且，我也有能力讓自己不作如是想。

15.

不管別人對我做什麼、說什麼，我始終都得保持善良，如同黃金、翡翠或紫色染料總是會說「不管別人對我做什麼、說什麼，我始終都還是塊翡翠，我得維持自己的光澤」一樣。

16.

內在主宰力量不會讓自己無法安寧；我的意思是，這股力量不會嚇唬自己，也不會給自己帶來痛苦。不過，如果有人能使這股力量感到恐懼或痛苦，就任由他去吧，這股力量絕不會想入非非的。如果身體能使自己免於痛苦，就讓身體去想辦法；如果身體覺得痛苦，就讓身體開口抱怨。至於靈魂，它雖然會受恐懼及挫折威脅，也會因此思緒翻騰，但卻不會感到痛苦；因為，靈魂絕不會自陷思緒歧途。主宰原則是無欲無求的，除非它主動讓欲求纏身。同理，主宰原則絕不會受擾或受阻，除非它主動自擾自困。

17.

幸福是股美善的神性，也可說是件美事。幻想呀，你在這裡做什麼？我以眾神之名，拜託你離開！雖然你來都來了，但我不需要你。你到來的方式還是老樣子，但我不生你的氣，只求你離開我。

18.

有人害怕變化嗎？要是少了變化，還能產生什麼事物？對宇宙本性而言，還有比變化更愉快、更恰當的事嗎？如果薪柴不產生變化，你還能洗澡嗎？如果食物不產生變化，你還能獲得營養嗎？少了變化，各種有益的事物還能成形嗎？你難道沒發現，你身上的變化對宇宙本性而言，也同樣是必要的嗎？

19.

在宇宙實體中的所有軀體，都像是被急流不斷推向前方；這些軀體與整體合而為一，又會彼此協力合作，就像我們身上各個部位相互協調一樣。世上有多少克律西普斯、多少蘇格拉底和多少愛比克泰德，都被時間的長河吞沒了！面對每個人、每件事，你都要在心中抱持這樣的念頭。

20.

我只在乎一件事：我不做人的內在組織不允許我做的事，或者內在組織不允許我採取的方式，或者內在組織現在不允許我做的事。

21.

很快地，你會遺忘一切事物；很快地，你也會被一切事物遺忘。

22.

我們連犯錯的人都會愛，這是人性的一部分。當你想到犯錯的人和你血脈相連，只是因無知而犯下無心之過，同時，當你再想到大家不久之後就會死去，你的愛就會油然而生。重點是，犯錯的人並未傷你半分，因為你的內在主宰原則並未因對方而損。

23.

宇宙實體塑造宇宙本性時，就像先用蠟塑出一匹馬，再打破蠟模，重新塑出一棵樹；接著，再按同樣步驟塑出一個人，再塑出其他事物。每樣被塑出的事物，都只能存在極小一段時間。打破一只容器也好，組裝一只容器也好，都不會替人帶來困頓。

24.

橫眉豎目絕非自然的表情，當怒容經常浮現，美好的容貌就會逐漸消失殆盡，最終再無煥發之日。根據這件事實，你可以下個結論：橫眉豎目是有違理性的。要是連自己犯了錯都意識不到，活著還有什麼意義？

25.

掌管宇宙整體的自然，很快就會改變你眼前的所有事物，再由這些事物的實體創造其他事物，接著又會有其他事物從這些事物的實體脫胎，如此一來，世界才能永保新鮮。

26.

當別人錯待了你，請你立刻想一想，對方是出於何種善惡觀才犯錯的。你一旦想到這一層，就能同情對方的處境，不會因此詫異或發怒。因為，你對善的看法可能和對方相同，也可能和對方相去不遠。這時，你就必須原諒對方。如果對你而言，對方的過失既非善、亦非惡，你就更能夠原諒犯錯的人。

27.

不要太在乎你所沒有的，多想想你所擁有的。對於你所擁有的，請專注其中最精華的部分，想像這些事物要是不屬於你，你想擁有的渴望會有多強。但是，請你小心不要耽溺其中，習於高估這些事物的價值，弄得自己一想到失去這些事物，整個人就心神不定。

28.

回到自己的內心歇息。理性主宰原則有個特性，那就是採取正當行為時會怡然自得，並因此獲得寧靜。

29.

拋開所有幻想。不要再隨情緒的絲線起舞。不要讓自己遠離當下。了解自己或他人的遭遇。分析每樣事物的形式面與實質面。想想你人生的最後一刻。不管別人犯了什麼錯，儘管把錯誤晾在原地就好。

30.

請你專心聆聽各種話語，細察正在發生的事及背後的緣由。

31.

讓自己散發簡樸而謙遜的氣質，不要對介於美德與邪惡之間的事物掛懷。愛人。跟從神。詩人有云：「法則主宰一切。」只要記住法則主宰一切這件事，其實就夠了。

32.

關於死亡：無論其形式為分解四散，或者化為原子，或者毀滅，都相當於滅絕或變化。

33.

關於痛苦：要是痛苦難以忍受，就會毀掉我們；要是痛苦不斷持續，我們就有辦法忍受。心收斂了，就能維持寧靜狀態，理性主宰能力也不會受損傷。至於被痛苦所傷的部分，如果它們想發表意見，就讓它們去吧。

34.

關於名聲：看看那些沽名釣譽的人，觀察他們的特徵，再觀察他們排斥的對象及追求的目標。再想想，沙子在堆積時，先疊起的沙堆會被後來的沙蓋過，而人生就像堆沙，先發生的事很快會被後發生的事蓋過。

35.

引自柏拉圖①：當心靈崇高的人全盤了解所有的時間和實體，你以為，他有可能覺得人生是什麼了不得的事嗎？「不可能」，他說。——所以，他也不會覺得死亡是什麼可怕的事？——肯定不會。

36. 引自安提西尼斯：能行善且同時承擔罵聲，就是一種帝王作風。

37. 如果容貌能夠順從著心靈，按照心靈的指示支配、組織自己，但心靈卻無法按己意支配、組織自己，這是件可恥的事。

38. 我們沒必要對事物發脾氣，因為事物完全不在乎。②

39. 讓眾神和我們感受喜樂吧。

40. 人生就像採收成熟的穀物。有些才剛萌芽，有些已經隕落。③

41. 假如眾神棄我和我的子女於不顧，其中必然有某種道理。

42. 善與我同在，正道也與我同在。④

43. 不要和他人共悲，情緒不要隨之震盪。

44. 引自柏拉圖⑤——對於此人的說法，我認真回答如下：你錯了，你認為有點價值的人會對生死斤斤計較，但這樣的人，其實只需要在乎自己的行為正不正當，表現得像是好人還是壞人。

45.

雅典的人們啊，事實是這樣的[⑥]：當一個人按己意謀得理想職位，或由長官指派而上任，我認為他應該堅守其職，承受各種風險，無視生死，除了棄職的惡行之外毫無牽掛。

46.

不過，我親愛的朋友，請想一想，所謂高尚美善之事，並不在於救人一命或獲救；因為，請你想想，在真正有男子氣概的人看來，個人壽命長短不足掛懷，生命同樣不值得迷戀。人必須將這一切託付給神，服膺女人所說的「人掙脫不了命運」，再思考如何用最好的方式度過有生之年。[⑦]

47.

望望星體運行的軌跡，彷彿你自己也隨之而動；時時記住元素會交互變換，因為這樣的念頭能滌淨塵世的汙濁。

48.

柏拉圖說過一段名言⑧：談論人事的時候，也要以居高臨下之姿俯瞰世事；細看塵世中簇擁的人群、軍隊、農人、婚姻、協議、誕生、死亡、法院的喧囂、不毛之地、各個蠻族、宴席、哀嘆、市集、一切紛亂雜陳以及依序並列的相悖事物。

49.

回首往事，想想幾經更迭的政權。鑑往能使你知來，因為將來的事肯定與過去雷同，而且會順著事物目前的秩序持續發展。因此，回溯人類四十年的歷史，與回溯一萬年的歷史並無二致。你難道還能看見更久以前的事物嗎？

50.

大地所化育之物歸於大地，

但上天所化育之物，

則將歸於上天。⑨

這段話的意思，可能是相互交纏的原子瓦解了，也可能是毫無知覺的元素崩解四散了。

51.

靠飲食與詭術轉變生命流向，

以求逃脫死劫。

面對從天而降的強風，

我們必須刻苦忍受，不得怨尤。⑩

52.

某人可能擅長摔角，但他不見得是個願意服務社會、謙沖自牧、擅長應變的人，也不見得能包容鄰人的過錯。

53.

凡是能順從人神共通的理性來完成的工作，就沒有值得恐懼之處；因為我們能按照個人的內在組織，採取對自己有益的行動，並因此不蒙受半點傷害。

54.

無論何時、無論身在何處，你都有能力辦到這些事：以虔敬的心接納當下境遇、公正對待身邊的人，並仔細斟酌內心浮現的念頭，不讓未經檢驗的事物滲入其中。

55.

不必四處觀察別人的理性主宰原則，你真正應該在乎的，是本性會將你帶向何方。這裡所談的本性，包括了宇宙本性以及個人本性：前者會在你經歷的事物中展現，後者會在你應盡的職責中展現。每個人的一舉一動，都必須順應與生俱來的內在組織；世間的一切事物，都是為了理性生命體而生，就好比在各種非理性事物當中，卑下者是為了高尚者而生，但理性生命體是為了彼此而存在。

人性具備的內在組織，首先以社會性為依歸。其次則是不被肉體指揮，因為理智的職責是劃定勢力範圍，使自己不受感官感受或欲望左右。感受或欲望是動物性的，而理智則以高尚自居，不會自甘淪為其他事物支配的對象；道理確實如此，畢竟理性與生俱來的本性，就是支配卑下的事物。理性內在組織遵循的第三項原則，是避免犯錯、誤入歧途。請讓理性主宰原則依上述法則前進，並使之保有專屬自身的事物。

56.

請想像現在的你已經死了，這輩子已經過完了；在剩餘的年歲裡，請你順應本性而活。

57.

你只需要喜愛發生在自己身上的事，以及你的命運絲線所織出的一切。還有比這更適合你的事嗎？

58.

每當發生了新事件，請回想那些一再遭遇同樣狀況的人，看看他們如何氣憤、如何詫異、如何埋怨。現在，這些人都到哪去了？全都不知去向了。那麼，你又何必有樣學樣？這些有違本性的激憤情緒，你何不讓容易受其影響的人去感受就好？你何不乾脆積極主動，妥善利用眼前的事件？你是能夠善用這些事件，獲得能讓自己加工的素材的。請好好關照自己的一舉一動，讓自己隨時行善：同時，請記得……⑪

59.

望向內心。你的內心藏著善的泉源，只要你願意挖掘，泉水便會汩汩湧出。

60.

身體必須要結實，無論動靜都要平穩協調。既然心選擇了睿智而優雅的方式，將自身感受形之於色，整副身體理應如法炮製。不過，以上種種皆須順其自然，不得勉強。

61.

與其認為人生像跳舞，不如說人生像摔角：我們需要站穩腳步，準備迎接突如其來的攻勢。

62.

時時留意自己想獲得誰的讚美，以及對方擁有哪些理性主宰原則。對於無心冒犯你的人，如果你能察覺對方的念頭及欲望從何而來，你就不會怪罪對方，也不會盼望獲得對方讚美了。

63.

哲人表示，每個靈魂都不願拋棄真理；同樣地，也沒有靈魂願意拋棄公義、節制、慈愛等美德。你必須時時將這點銘記在心，如此一來，你面對他人時會更加寬容。

64.

每當你遭遇痛苦時，請記住一點：痛苦並不可恥，也不會磨損你的主宰智慧；只要主宰智慧具備理性或社會性，就不會為痛苦所傷。不過，在大多數痛苦的情況下，你可以拿伊比鳩魯的話安慰自己：「痛苦不至於不能忍受，也不會綿延不絕，只要記得痛苦有其限度，而且不要在幻想中渲染就好。」你還要記得，很多讓我們不快的事，譬如強烈的睡意、身體受熱發燙、食欲全無，都不會被我們當成痛苦看待。當你對上述任一件事感到不滿，請告訴自己：「我正被痛苦支配當中。」

65.

請小心，面對毫無人性之徒，不要用他們待人的方式對待他們。

66.

我們是怎麼知道特勞格斯的品格不如蘇格拉底？的確，蘇格拉底死得更光榮、更懂得如何與詭辯家爭論、更耐得住夜晚的寒冷；當他受命逮捕薩拉密斯的萊昂，他認為抗命比聽令更高尚；他會昂首闊步走在大街上——儘管有人會懷疑此事是否屬實——但光看這些還是不夠。我們該思考的是，蘇格拉底究竟有著什麼樣的靈魂，以及他是否能透過公正待人、虔敬眾神感到心滿意足，是否不因他人之惡氣結、不讓自己臣服於人的愚昧、不對宇宙替自己安排的種種命運感到驚訝、不將命運視為不可承受、不讓自己的理智受卑下肉身的欲望左右。

67.

自然本性不會讓身體與心靈過度交融，讓你無法替自己劃定勢力範圍、支配所有屬於你的事物，因為當你成了聖人，很可能根本無人知、無人曉。請記住這一點，再記住另一件事：人只需要一丁點事物，就能過幸福的生活。而且，即使你自覺無望精通辯證技巧或物理學，也不要因此認為自己無望成為自由、謙遜、服務他人、敬畏上天的人。

68.

就算全世界聲嘶力竭與你作對，即使野獸撕裂了你皮囊上的四肢，你也能抱著一顆極其寧靜的心過活，不為任何衝動所擾。在上述情形當中，有哪些會使靈魂無法保持寧靜、無法對環境做出公正判斷、無法善加利用眼前所見的事物？當這些情形發生時，你的判斷力會表示：「這是你真正的模樣，但別人眼中的你或許完全不同。」當環境條件浮現時，你善用環境條件的能力也會表示：「你就是我不斷尋找的對象，因為呈現在我眼前的事物，都能作為理性及群體美德的素材，也就是能表現人類或神明技藝的素材。無論發生了什麼事，都與神或人脫不了關係；這些事並不陌生、並不棘手，而是司空見慣、容易處理的。」

69.

所謂完美的性格，便是將每一天當成最後一天來過，並且不激動、不倦怠、不虛偽。

70.

永生不死的眾神從不惱怒，因為長久以來，祂們都得容忍人類的行徑，還得接受多數人的惡形惡狀；再說，眾神還會以各種方式照料世人。至於你，雖然你將不久於人世，心裡是否容不下半點邪惡？當你同為嫌惡對象的一員時，是否亦是如此？

71. 人有能力免除自身之惡，但無從免除他人之惡；不求前者但求後者，與荒謬無異。

72. 對於任何缺乏理性或社會性的事物，理性及社會性能力都會合理認定這些事物不及自身水準。

73. 當你做了善事，對方也受惠了，何必像個愚人一樣別有所求，渴望博得行善的美名或回報？

74.

對自己有益的事物，沒有人會嫌多；按照本性行動，才能使自己獲益。所以，請多做利己又利人的事，不要嫌煩。

75.

宇宙整體的本性在行進間創造了宇宙。而現在，一切事物可能基於因果關係，也可能基於延續性而發生；或者，可能連宇宙主宰力量的運行軌跡所趨向的重要事物，都不再遵循理性原則。牢記這點，你就更能鎮定面對各種狀況了。⑫

---

① 見柏拉圖《理想國》第六卷。

② 出自尤里皮底斯之《貝羅雷風》（*Bellerophon*）。

③出自尤里皮底斯所著之《喜普西琵勒》（*Hypsipyle*）。西塞羅翻譯過該劇作中的六行台詞，其中兩行如下：

「人終將歸於塵土，並將被命運

如以鐮刀採收熟穗般所滅。」

④見亞里斯多芬尼斯所著之《阿卡奈人》（*Acharnenses*）。

⑤出自《申辯篇》第十六章。

⑥出自《申辯篇》第十六章。

⑦見柏拉圖《高爾吉亞篇》（*Gorgias*）第六十八章。

⑧有人指出，現存的柏拉圖著作中並未包含此章內容。

⑨出自尤里皮底斯之劇作《克律西普斯》。

⑩前兩行出自尤里皮底斯之劇作《乞援者》（*Supplices*）。

⑪本段語義不明，結尾遭人大幅改動，因此完全無法解讀。

⑫本段不易解讀，第一種可能的解讀是，宇宙是由一股夠強大的力量所創造的。這種讀法假設了宇宙有一個起源，並存在一股形塑秩序的力量。接著要追問的是，事物是如何被創造出來的？或者說，各種形體是藉著何種力量承先啟後的？安東尼努斯可能會這樣回答：所有的變化與承先啟後現象，都是透過事物的原生組織延續至今。這種觀點不難理解，我們只要相信宇宙是單一且恆常的，也就是宇宙的延續性，甚至相信人是單一且恆常的——我們總會這樣相信，但同時又不由自主相信，自己的身體或思緒當中也有變化與承先啟後的現象。因此，宇宙中其實不存在間斷這回事。如果我們認為宇宙誕生之初即存在某種秩序，而現在產生的事物都是經過事先安排的話，這樣的觀點，正是認為事物是承先啟後發生的，就像我們認為體內會有變化、思緒會成串出現一樣。不過，既然任兩種狀態之間都沒有間斷這回事，甚至連無限小的間斷都不存在，那麼在某個事物與所謂的前一項或後一項事物之間，就同樣沒有間斷這回事，連無限小的間斷都不存在。所謂的時間概念，其實源自事物或事件會承先啟後的想法；時間概念是我們內在組織的一部分，但我們不能認定無限的智慧或力量

同樣包含時間概念。因此，我們能肯定一點：無論是現在與過去，還是當前事物之創生與想像中能催生當前事物的原初秩序，兩者都是同一件事；而且，催生當前事物的力量與所謂的事先安排，只不過是同一件事的不同稱呼罷了。安東尼努斯寫下的這段文字，也許跟現在一般人偶爾會說的話差不多，只是安東尼努斯心裡所想的概念並未真正呈現出來。只要參照其他段落的內容，應該就能明白他如何看待事物創生這件事。

現在，再看看他提出的另外一種可能：「可能連宇宙主宰力量的運行軌跡所趨向的重要事物，都不再遵循理性原則。」我不確定他說的 τὰ κυριώτατα 是什麼意思——可能指「重要的」或「最出色的」，或者是別的意思。不過，既然他在其他段落提過卑下與高尚的事物，以及卑下事物為高尚事物而生、理性生命體最為高尚的概念，這裡所說的 τὰ κυριώτατα 或許正是指理性生命體。在這段文字當中，他也假設了宇宙間有一股主宰力量會針對重要事物施展，或順著特定運行軌跡朝之而去。原文中的「運行」為名詞型（ὁρμή），其中蘊含了動詞（ὥρμησε，即「行進」）的概念，也就是他在本段開頭提到宇宙創生時所用的動詞。他表示，如果第一種說法不成立，就得接受第二種說法，也就是「可能連宇宙主宰力量的運行軌跡所趨向的重要事物，都不再遵循理性原則」。假設這段話是有道理的，那我們可以這麼理解：世間雖有一股不斷發揮影響力的主宰力量，但如果這股力量在創造宇宙之後未持續主宰之，我們就必須認定所謂的理性軌跡並不存在。此外，如果我們認為當前事物的誕生或存在與至高無上智慧的運作無關，但又認為這股智慧會不斷運作，這種想法就會和至高無上力量的本性格格不入了。而安東尼努斯始終認為，世間確實存在一股至高無上的力量。經過此番思索，人可能會因此獲得寧靜，而且必然是因為否定了第二種說法、接受了第一種說法——無論皇帝安東尼努斯如何看待第一種說法。或按照安東尼努斯在其他段落中所言，就算掌管世間的神恩並不存在，至少就人類先天的內在組織來看，人是有自制能力的。只要人能將自身能力發揮到極致，就有可能獲得寧靜。

第八卷

保有理性的自我

當你因為外在事物而痛苦，

折磨你的並非事物本身，

而是你對事物的評價。

其實，你是有能力立刻拋開這些評價的。

我不應該折磨自己，
因為我也不會故意折磨別人。

1\. 你自始至終，或至少從年少時期開始，都沒辦法以哲人的姿態過活。這樣的想法能助你棄絕追逐虛名的妄念，但許多人都和你一樣，明白自己與哲學其實相距甚遠。這時，你的人生已經亂成一團，想博得哲人的美名更是難上加難；再說，你的人生規劃也妨礙了這項目標。如果你已經洞察了真理，就無須理會你在他人眼中的模樣，只要學會安心知足，依本性之所願度過餘生就好。你只消看清本性之所求，無須分心關注其他事物，因為你曾經到處尋找幸福，卻始終尋不著——不管是邏輯辯論、財富、名聲、享樂或其他事物，全都給不了你幸福。所以，幸福究竟在哪裡？按本性之所求行動，就能獲得幸福。那麼，要用什麼方式採取行動？按照動機及行動所遵循的原則。譬如哪些原則？和善惡有關的原則，也就是這樣的概念：無法使人變得公正、節制、果敢、自由的事物，其中無善可言；不會使人變得與上述狀態相反的事物，其中無惡可言。

2\. 每次行動時，問問自己：「我究竟做了什麼？之後會不會後悔？」再過不久我就會死了，一切轉眼成空。我現在採取的行動，如果是理性及社會性動物會做的事，又能與神所遵循的法則一致，我別有何求？

3.

亞歷山大、蓋烏斯[1]及龐貝，比起第歐根尼斯、赫拉克利特及蘇格拉底又算得了什麼？後三者能洞察事物、明白事物的成因與物質面，也遵循著同樣（或與個人目標相符）的主宰原則。至於前三者，讓他們煩心的事物何其多，奴役著他們的事物也多不勝數！

4.

要知道，哪怕你感到忿忿不平，人們還是會繼續做出同樣的行為。

5.

首先，請不要感到惶惑不安，因為萬事都是遵循宇宙本性運作的，而且再過不久，你就會像哈德良和奧古斯都一樣，消失得無影無蹤。再過來，認真看清你需要應對的事物，並記住你必須當個好人，凡事堅持順性而為。只說你自認最恰當的話語，並以良善、謙遜且無偽的方式表達。

6.

宇宙本性的職責，便是將這邊的東西移到那邊去，並且改變它們、帶走它們、重新安放它們。萬物都是變化後的結果，我們大可不必懼怕會出現新事物。萬物總是一如往常，分布方式始終相同。

7.

每一種事物的本性如果能順利前行，都能感到自適自足；當理性的本性能順利前行，就表示它拒絕接受眼前虛假或含混的概念、只做對社會有益的事、只對自己能支配的事物有所好惡，並能欣然接受共同本性分派給自己的事物。各種不同的本性都是共同本性的一部分，就好比葉子的本性是樹木本性的一部分。不過，葉子的本性是一種無知覺、無理性的本性，有可能會受阻；相反地，人的本性是一種不會受阻的本性，而且既理性又公正，因為這樣的本性會以公正的方式，給予萬物各自應得的時間、實體、成因、行動力與發生條件。但請注意，你在判斷公正性時，不要單純比較事物之間某個面向的差異；你應該比較的，是事物之間的整體差異。

8.

你雖然沒有餘裕（或能力）閱讀，但你有餘裕（或能力）克制傲氣；你有餘裕超脫苦樂，而且有餘裕擺脫虛榮心，不因愚蠢及忘恩負義之人而氣惱，你甚至有餘裕不去在意他們。

9.

不要再讓人聽見你埋怨宮廷生活，或者聽見你埋怨自己的生活。

10.

悔過是一種自責，責怪自己忽視了有益的事物。好的事物必定對人有益，是完美的好人理應追求的目標；這樣的人，從不因拒絕享受感官之樂而悔過。因此，享樂既非善事，也毫無益處。

11. 這項事物的內部組織是如何？實體面與物質面是如何？成因是如何？它在宇宙間做些什麼？它還能存在多久？

12. 當你賴床時，請記得一點：就你的內在組織與人的本性來看，你天生就必須服務社會，而就睡眠需求而言，我們和非理性動物並無二致。與個體本性相符的事物，是個體覺得較熟悉、較合適，也較宜人的事物。

13. 可能的話，每當靈魂深處浮現出任何心像，就要不斷實踐物理學、倫理學及辯證學的原則。

14.

無論遇到什麼樣的人，請你立刻問自己，這個人的善惡觀究竟如何？因為，當這個人對苦樂及其成因、榮辱與生死抱持種種觀點，對於他的種種行徑，我也不會感到驚奇或陌生。我會心想，對方是不得不這麼做的。

15.

請記得，因為無花果樹結出無花果而驚訝，是件令人遺憾的事；因為宇宙孕育出豐富多產的事物而驚訝，也是件令人遺憾的事；當醫生因為患者發高燒而驚訝，或者當舵手因為颳起逆風而驚訝，都是件令人遺憾的事。

16.

請記得，你既有遵從他人指教、改變自身想法的自由，也有堅持不改過的自由，因為這些行為都是根據你自身的意圖及判斷，也是根據你的理解而實施的。

17.

當事情有你掌控的餘地，你會為了什麼而做事？當事情不受你掌控，你打算責怪誰？你要責怪原子（機運）還是眾神？責怪誰都是不智的行為，你沒必要責怪別人。可以的話，請你糾正事物的根源；如果你辦不到，請你至少糾正事物本身。如果你連這些事都辦不到，光是埋怨又有何用？凡是沒用的事都沒必要做。

18.

死去的事物不會脫離宇宙。留在宇宙間的事物會在此變化，分解為構成自身的元素，也就是構成宇宙與你這個人的元素。這些元素同樣會改變，但不會發出任何怨言。

19.

萬物的存在皆有目的——馬是如此，葡萄藤亦如此。你有什麼好驚訝的？連太陽都會說「我是為了某種目的存在的」，其他的神同樣會這麼說。所以，你是為了什麼目的而存在？為了享樂嗎？你可以試試看，人的理性是否能接受這種想法。

20.

對自然而言，萬物的終結並不遜於其起始與延續。好比人朝空中拋球，上拋時對球有何益處？下降甚至墜地時，對球又有何害處？至於氣泡形成時，對氣泡有何益處？破碎時，對氣泡有何害處？燈火的生滅也是一樣的情形。

21.

將身體的內部翻出來，看看它是什麼樣子；當內部變老、生病的時候，再看看它是什麼樣子。

無論是讚美者與被讚美者，還是緬懷者與被緬懷者，壽命都很短暫。這些事物只占據了宇宙一角，但卻無法與彼此和諧相處，沒錯，就連與自己和諧相處都辦不到；而全世界不過就是一個點。

22.

無論你面對的是一種觀點、一個行為或一段話，請你認真關注這項事物。

你活該受這種苦，因為你寧願等到明天才成為好人，而不是今天就當個好人。

23.

我正在做什麼？我做事是為了造福人群。我遭遇了什麼？我接受眼前的事物，並視之為眾神的旨意，由催生萬物的根源而來。

24.

你可能覺得，沐浴就是油、汗、垢、髒水等一干噁心事物；其實生活的各個面向、世間的萬事萬物，全都是如此。

25.

維魯斯比露齊拉先死，接著露齊拉也死了。麥克西穆斯比西孔妲先死，接著西孔妲也死了。迪歐提姆斯比愛比丁卡努斯先死，接著愛比丁卡努斯也死了。佛斯蒂娜比皮烏斯先死，接著皮烏斯也死了。世事一再重演：哈德良比切勒先死，接著切勒也死了。至於那些睿智的人，像是會預知未來或傲慢自負的人，如今身在何方？譬如柏拉圖主義者夏拉克斯、德梅特留烏斯、尤戴蒙這些睿智的人，現在都到哪去了？他們全都朝生暮死，早已不在這個世上。其中，某些人轉眼間就被遺忘，某些人成了傳說中的英雄，其他人甚至從傳說中消失了。因此請記得，你這副元素組成的軀體終究會分解，你微弱的生命氣息終究會休止，或者終究會脫離你的身軀，轉移到其他地方去。

26.

做人應盡的職責，就能使人滿足。而人應盡的職責，就是友愛自己的同胞、蔑視感官的活動、準確評斷看似可信的心像、全盤考量宇宙本性與宇宙間萬物的本性。

27.

你與事物之間有三種關係：第一種是你與你的軀體之間的關係；第二種是你與孕育萬物的神聖根源之間的關係；第三種則是你與身邊的人之間的關係。

28.

對身體來說，痛苦或許是一種惡——這時候，就讓身體表達自己對痛苦的感受——對靈魂來說，痛苦或許也是一種惡；不過，靈魂是有能力保持寧靜安適，不視痛苦如惡的。因為每一種判斷、動機、欲求與反感都源於內心，而且惡永遠無法與之等量齊觀。

29.

請不斷對自己說這些話，來消除自己的幻想：「我有能力不讓邪惡、欲望、煩亂占據內心；既然我能洞察萬物的本性，我就要按照每樣事物的價值妥善利用之。」記得，這是自然所賦予你的能力。

30.

在元老院裡發言或與任何人交談時，都要力求恰當但不裝模作樣，措辭也要坦率淺白。

31.

奧古斯都的宮廷、妻子、女兒、後代、祖先、姊妹、阿格里帕、親人、至交、朋友，以及阿瑞烏斯②、梅賽納斯、奧古斯都的醫師、祭司，宮廷裡的所有人都已經死了。再看看其他人，但不要只關注單一個人之死，而要想想整個家族的滅亡，譬如龐貝家族。另外，還要留意會刻上墓碑的銘文：「家族最後一員。」接著，再想想前人對於延續香火的擔憂；也要想想，總要有人當家族的最後一員。這時候，請你同樣想想整個家族的滅亡。

32.

你必須按部就班，讓人生中的每個行動變得有條有理；如果每個行動都能發揮效益，你就應該要知足了。沒有人攔得住你，讓你的行動無法發揮效益。「可是，外頭總是會有阻力。」當你能做到公正、自制、思慮周詳，就不會受阻了。「可是，也許其他的行動會受阻。」但你可以誠心接納受阻的事實，並轉而朝可行的方向努力，於是，另一個契機就會浮現，將受阻的行動取而代之；而新的行動則會按照所謂的條理運作。

33.

接收富貴或成就時切莫自鳴得意；失去時切莫不甘不願。

34.

假使你曾經看過手腳或頭顱被斬斷，散落在軀體四周，這就是人對現實不滿，因此自我孤立、不合群時會做的自殘行為。假設你已經和自然的整體脫節了——你原先是自然的一部分，只是你割斷了彼此的連結——但美妙的是，你是有能力將自己拼回整體的。神獨獨賜給你的，就是當你整個人被扯散之後，仍有辦法重新組合。請記住神獨厚人類的恩澤，祂使人類能夠與宇宙整體永遠相繫，即使某天彼此的連結斷裂了，人也能重新拼回整體，再次成為其中的一部分。

35.

宇宙本性幾乎將自身的所有力量都賜給了理性生命體，因此，我們也獲得了這股力量：宇宙本性會轉化妨礙自身運作的事物，使其回歸命定的位置，再將這些事物併入自身；換言之，理性動物能夠將各種阻礙轉化為對自己有利之物，並按照事物原先設定的用途加以利用。

36.

不要為了未來的人生發展而煩惱，也不要為了可能面臨的各種困擾而發愁。無論碰上何種情況，請你先問自己：「這事究竟哪裡令人無法忍受？」你坦承的時候會感到羞愧的。接下來，請記得會折磨你的不是未來，也非過去，而是當下。如果你能專注在痛苦上，痛苦就會縮到微不足道的程度了；如果你連這點痛苦都承受不了，請責備一下自己的心。

37.

試問，潘希亞及佩加穆斯還坐在維魯斯的陵寢旁嗎？喬里亞斯及迪歐提姆斯還坐在哈德良的陵寢旁嗎？是的話，就真的荒謬了。好吧，姑且假設他們還坐在那，亡者難道感覺得到嗎？假設亡者感覺得到，他們會感到欣慰嗎？假設他們會感到欣慰，自己能因此永生不死嗎？他們不也是註定先成為老夫老婦，然後才死去嗎？他們死去之後，他們所悼念的對象又何去何從？最後只會成為裹著血水的臭皮囊而已。

38.

哲人說，如果你有銳利的眼神，就要仔細觀察事物，做出明智判斷。

39.

在理性動物的內在組織裡，我看不見任何悖於正義的美德；我看見一種與享樂對立的美德，那就是節制。

40.

不去多想折磨你的事物，就能讓自己安穩度日。這裡說的「自己」是誰？——是理性。——但我不是理性。——那就成為理性，而且不要讓理性自尋煩惱。如果身體的其他部位感到痛苦，就任其隨意感受吧。

41.

對於動物而言，感官受阻是種缺陷，動機（欲望）受阻同樣是種缺陷。對於植物組織而言，另一種狀況同樣是種缺陷。因此對於理性動物而言，理智受阻就是種缺陷。把這番道理套用在你自己身上。你是否受到痛苦或快樂影響？你的感官會告訴你。你在為了某個目標而努力的時候，遇上阻礙了嗎？如果你已經盡了全力（無條件、毫無保留地付出），對身為理性動物的你而言，阻礙就是一種缺陷。但當你思考事物一般是如何發展的，你就不算是被傷害或受阻了。沒有人能阻礙理智孕育的產物，因為無論是火焰、鋼鐵、暴君、詆毀，都無法對其造成影響。當它被塑成了球狀，就會永遠維持球狀。

42.

我不應該折磨自己，因為我也不會故意折磨別人。

43.

人各有各的快樂，而我的快樂來自於使理性主宰力量穩定運作，不去厭惡他人或自己遭遇的事物，並用慈悲的眼神觀看、接納一切，同時依事物自身的價值利用各項事物。

44.

請你務必牢牢把握當下，因為追求死後名聲的人，不會想到後代會跟自己無法容忍的同輩沒兩樣，大家都是凡人。即使後代對你說三道四、品頭論足，又算得了什麼？

45.

你可以把我拿下，丟在你想丟的地方；因為不管在哪裡，我都會讓內在神性保持寧靜，也就是滿足的狀態，只要內在神性能順著自身構造去感受、行動就好。難道只因為換了個地方，我的靈魂就陷入不快、差勁、浮躁、畏縮、恐懼的狀態？讓自己身處這番境地，究竟是為了什麼？

46.

與人類本性相違的事，不會發生在人身上；與公牛本性相違的事，不會發生在公牛身上；與葡萄藤本性相違的事，不會發生在葡萄藤身上；與石頭本性相違的事，不會發生在石頭身上。如果每樣事物會經歷的，全都是符合本性的慣常狀況，你又有什麼好怨的？因為，自然本性不會讓你經歷你承受不了的事。

47.

當你因為外在事物而痛苦，折磨你的並非事物本身，而是你對事物的評價。其實，你是有能力立刻拋開這些評價的。如果你性格裡的某些部分正折磨著你，當你想糾正自己的念頭，難道會有人阻止你嗎？如果你因為自己沒做該做的事而煩惱，你何不多行動、少抱怨呢？——如果眼前橫著天大的障礙怎麼辦？——那你也沒必要煩惱，因為事情沒完成的責任不在你身上。——但這些事沒完成，生命就不值得活。——那就心滿意足地告別人生吧，像個活得順心、從容面對阻礙的人即將赴死一樣。

48.

請記得，當理性主宰力量向內收斂、自適自足，而且不做自己不願的事，就算這樣的頑抗純粹是出於執著，都會變得所向無敵。當這股力量透過理性思索做出各種判斷，會變成什麼模樣？一顆不受情緒牽絆的心，就是一座堅固的堡壘，因為最適合藏身、自保之處莫過於此。沒發現這座堡壘的人，就是個愚昧的人；發現了這座堡壘，卻不藏身其中的人，人生是不幸的。

49.

除了初始表相之外，你無須對自己多說什麼。假使你聽說有人在說你的壞話，你接收到的訊息，就只是有人在說你的壞話，而不是你因此受傷了。當我發現孩子生病了，我看見的是他生了病，而不是他有生命危險。所以，你只需要關注初始表相，不必在內心多做揣想，你就不會碰上麻煩了。真要多做揣想的話，就想想深明世事的人會有的念頭。

50.

「小黃瓜是苦的。」——那就丟掉吧。「這條路上有荊棘。」——那就繞過去吧。這樣做就夠了，不需要補上一句：「為什麼世上會有這種東西？」這句話會被通情達理的人取笑，就像如果你走進木匠和鞋匠的工作室，指著地上的木屑和碎皮料表示不滿，對方也會嘲笑你。話說回來，木匠和鞋匠還有空間可以丟棄木屑和碎皮料，宇宙本性之外卻並無任何外部空間；但宇宙本性最美妙的技藝，是它會替自身劃定界線，將內部所有衰敗無用的事物化為自己的一部分，再由此創造出其他新事物。因此，宇宙本性不需要從外界取材，也不需要拋棄衰敗材料的角落，只需要屬於自己的空間、材料與技藝就夠了。

51.

做事不可懶散，言談不可雜亂，念頭不可擺盪；不要過度關注內心，不要一味發洩；生活再忙也得偷閒。

就算有人殺了你、肢解了你、詛咒了你，你的心會因此而無法保持純潔、明智、清醒、公正的狀態嗎？好比即使有人站在清澈潔淨的泉水邊詛咒水源，乾淨的泉水依舊會汩汩湧出。當此人將泥巴或穢物投入水中，泉水也會瞬間沖散污穢，使自己始終保持潔淨。所以，你要如何成為源源不絕的泉水，而不只是一口井呢？你得時時刻刻形塑自己，打造知足、質樸、謙和的自由之身。

52.

不了解世界的人，就找不到自己的定位。不了解世界為何存在的人，就看不清自己的面貌，也看不清世界的實相。對這些事一無所知的人，更是說不清自己為何而存在。對於那些逃避或追求掌聲與讚美，卻看不清自己的定位與真實面貌的人，你會如何看待？

53.

如果有人每小時咒罵自己三次，你還想讓他稱讚你嗎？如果有人對自己不滿意，你還想讓他對你感到滿意嗎？如果有人每做一件事就懊悔不已，這算是對自己感到滿意嗎？

54.

不要只是因為呼吸能隨四周的空氣起伏就心滿意足，你要讓自己的智慧與呵護萬物的智慧步調一致。智慧是遍布四周、無孔不入的，凡是需要的人都能汲取，如同人們需要呼吸的空氣一樣普遍。

55.

大體而言，邪惡傷不到宇宙半分；具體而言，個人的邪惡不會傷到他人半分。邪惡能傷害的，只有本身就邪惡的人，但這樣的人只要有意願，也能擺脫邪惡。

56.

對我的自由意志而言，鄰人的自由意志無關緊要，正如他微不足道的生命氣息與肉體一樣無足輕重。雖說人是為了群體而生，但個人的理性力量只及於自身。若不是如此，鄰人的惡就會對我造成傷害，這絕非神的意旨，因為神不會讓我的不幸由他人決定。

57.

太陽看似盡情揮灑光芒，朝四面八方放射光輝，但這種揮灑並非一灑而盡，而是一種擴展。因此，希臘文將陽光稱作 ἀκτῖνες，意指「擴展」，因為陽光是向外擴展的（ἀπὸ τοῦ ἐκτείνεσθαι）。[3] 其實，當陽光從狹縫射入暗室之中，你就能看出陽光的性質，光線沿直線前進，一碰到固態物體就會被截斷，但陽光仍會停在原處，不會滑開或墜落。理性的放射方式也應該如此，不求一口氣散盡，而是讓自身向外擴展；遇上障礙物時不激烈衝撞、亦不下墜，而是留在原處照亮障礙物。如果物體拒絕接收光芒，就失去了被照亮的機會。

58.

畏懼死亡相當於畏懼失去感覺，或是畏懼一種新的感覺。不過，當你已經喪失感覺，也就不會感受到痛苦了；當你獲得了新的感覺，你的生命將改頭換面，但仍舊會運作不息。

59.

人是為了彼此而存在的。所以要教導他人，或者容忍他人。

60.

箭朝一個方向走，心朝另一個方向走。不過，當心靈處於慎思及探究的狀態，也同樣會筆直前進，直奔目標。

61.

探入每個人的理性，同時讓其他人能探入你的理性。

---

① 蓋烏斯，即羅馬共和國末期的獨裁者凱撒大帝：蓋烏斯・尤利烏斯・凱撒。龐貝，即曾與凱撒結成三頭同盟的格納努斯・龐貝烏斯・馬格努斯。

② 阿瑞烏斯是哲學家，與奧古斯都過從甚密。

③ 此處的詞源解釋有待商榷。

第九卷

坦然接納死亡

就經驗來看，萬物凡常無奇；

就時間來看，萬物轉瞬即逝，

就形體來看，萬物毫無價值。

現在的一切，

和被我們埋葬的人當年同一個樣。

活力終止、情感與思維停擺，
或者說這些事物的死亡，都不算是壞事。
你可以想想自己的一生，
包括童年、少年、壯年、老年，
每步向下一個階段，就像是一次死亡。
這值得害怕嗎？

1. 行不公不義之事，就是對神不敬。宇宙本性之所以創造理性動物，就是為了使其彼此相依，按自身的價值互惠而非互害。違背宇宙本性的人，就是對至高無上的神不敬。撒謊的人也是對神不敬。原因是，宇宙本性就是既存事物的本性，既存事物會與創造自己的源頭密切相關。再者，宇宙本性名為真理，是所有真實事物的第一因。存心撒謊的人對神不敬，因為欺騙是不公不義之行；非有意撒謊的人同樣對神不敬，因為這種行為有違宇宙本性，而且因此擾亂了世間的秩序。行為與真理背道而馳者，自然會和宇宙格格不入；他雖然天生具備辨別真偽的能力，但卻因為渾然不覺，而無法發揮這項天賦。追求逸樂並視之為善、逃避苦痛並視之為惡的人，更是對神不敬。這種人肯定會責難宇宙本性待人不公，讓惡人經常處於享樂狀態，擁有所有能帶來愉悅的事物；而善人則得蒙受痛苦，以及擁有各種製造痛苦的事物。至於畏懼苦痛的人，總會畏懼世上發生的某些事，這同樣也是對神不敬。而追求逸樂的人不會拒行不公之事，這顯然是對神不敬。遵循宇宙本性的人，面對宇宙一視同仁的對立事物，也要抱持和宇宙一樣的心態，對這些事物一視同仁——要是宇宙無法一視同仁，就不會創造出這些事物了。因此，對於苦樂、生死、榮辱這些事物，宇宙本性都能等量齊觀，凡是無法等量齊觀的人，都是對神不敬。我所謂的等量齊觀，意思是這些事物無論發不發生，對於依序創生的事物，或者因神授意而衍生的後續事物而言都一樣。因著神意，宇宙從某個點開始搭建世界的架構、訂立未來事物產生的基本法則，也形塑了催生生命體的力量、催生變化的力量，以及催生類似演變過程的力量。

2.

一個人離世前，如果從未經歷過欺騙、虛偽、豪奢、傲慢，是最幸福的人生；而次好的人生，就像俗話所說的，是在厭倦這些事情後嚥下最後一口氣。你難道寧願和罪惡同流合污，而不盡快逃離現場，讓自己不受罪惡荼毒？當心靈敗壞時，毒性會比腐敗的空氣更強；對動物而言，腐敗的空氣是有毒的，但對人類而言，敗壞的心靈是有毒的。

3.

不要鄙視死亡，要歡迎它，因為死亡也是自然法則之一。如果人的一生必須經歷青春及衰老、從茁壯到成熟、從生牙長鬚到冒出白髮、由授精而懷孕到生產，以及生命四季中的其他規律，就同樣要經歷解體的過程。只要想通這一點，就不會用漠然、心急、輕蔑的態度面對死亡，而會靜待這項自然規律來臨。所以請做好心理準備，迎接靈魂脫離這具皮囊的那一刻，猶如你等待妻子分娩的時刻。如果你需要一點平易近人的心靈慰藉，你可以觀察即將離你而去的事物，以及那些你準備斷絕來往的人，就能讓你從容就死了。厭惡這些人是不對的，你必須關心他們、善待他們；同時記住，你不會拋下和你原則相同的人，因為和同道中人共同生活，是唯一能將人帶離死亡，使人覺得生有可戀的事。但你現在也知道，和處不來的人同住，是多麼折騰的一件事，所以你可能會說：「噢，快來吧，死神！否則我就要忘形失控了。」

4.

傷害他人者，其實也害了自己。待人不公正者，對待自己也不公正，因為他讓自己成了惡人。

5.

做了某事可能是不公之舉，但不做某事也可能是不公之舉。

6.

你現在的想法源於理性思考，你現在的行為符合社會利益，你現在對各種遭遇心滿意足——這樣就夠了。

7.

翦除想像，克制衝動，消滅欲望，讓理性發揮主宰力量。

8.

沒有理性的動物共享一條命，而具備理性的動物共享一顆智慧心靈。這就像塵世間所有的事物是由同一種塵土塑成的，或像是有雙眼、有生命的我們，能看見同一種光亮、呼吸同一種空氣。

9.

性質類似的事物容易彼此匯聚。塵土組成的事物容易歸於塵土，液體容易合流，氣體也容易混雜，因此需要障礙物或施加外力才能使之互相分離。火焰的特性是容易向上燃燒，但很快就會和四周的火共同燃燒，以致於所有乾燥物都會被點燃，因為其中會阻礙燃燒的成分並不多。同理，同樣具備理性的事物會互相吸引，彼此之間的吸引力甚至更強。這類事物比其他事物更高一階，也更容易相吸相融。在不具理性的動物之間，我們會看見蜂群、牛群，會看見成鳥哺育雛鳥，也會多少感受到愛；因為，只要是動物就有靈魂，牠們之間的吸引力是如此強烈，在植物、石頭、樹木之間是看不到的。但在理性動物之間，我們卻會看見政治群體、友誼、家庭、聚會，也會看見戰爭、締約、休戰。至於更高一階的事物，彼此的關係既分離又相諧，就像星星一樣。因此，進入更高的層次之後，彼此分離的事物也能產生和諧關係。但看看當今的局面，只有智慧動物忘卻了這股吸引力，只有他們不再展現物以類聚的習性。不過，即使人再怎麼迴避結伴，依舊掙脫不了結伴的需求，因為人是抗拒不了本性的。只要你用心觀察，就會發現事實的確如此。人很快就會發現，我們尋得著與非塵土之物相接的塵土之物，卻尋不著與群體斷絕關係的人。

10.

無論人、神或宇宙都會結果實，而且會按各自的時令結果。雖然一般認為結果實是葡萄藤一類事物的行為，但這件事不重要。理性也會為了他人與自己結果實，這些果實都是與理性自身相仿的事物。

11.

如果你可以，就去糾正那些做錯事的人；如果你辦不到，就要記得這時候必須寬容待人。眾神也會寬容這些人，甚至會出於某些理由，讓他們身強體健、名利雙收。眾神的心腸是如此善良，而你也辦得到；你說，誰會阻止你呢？

12.

不要哭喪著臉工作，也不要為了博取同情或讚賞而工作。你只需在乎一件事：無論作為或不作為，都要遵循社會秩序。

13.

今天，我已經擺脫了各種煩惱，或者說拋開了各種煩惱，因為煩惱不是來自外界，而是源於內心，躲在我的念頭裡。

14. 就經驗來看，萬物凡常無奇；就時間來看，萬物轉瞬即逝；就形體來看，萬物毫無價值。現在的一切，和被我們埋葬的人當年同一個樣。

15. 事物存在於我們之外，它們既不了解自己，也從不論斷自己。那麼，會論斷事物的究竟是誰？是理性主宰力量。

16. 理性社會生物的善性或惡性，在消極無為時不會顯現，而是在積極作為時才會展現。正如其美德或惡念不會在消極無為時顯現，而是在積極作為時才會展現。

17. 對被向上拋的石頭來說，下墜不算是件壞事，上升也不算是件好事。

18.

當你了解人們的行事原則，就會知道你害怕什麼類型的裁判，也會知道對方如何裁判自己。

19.

萬物都在變化，你自己也是正不斷變遷，或不斷崩毀著；而且，整個宇宙都是如此。

20.

別人犯的錯，應該由他自行處理。

21.

活力終止、情感與思維停擺，或者說這些事物的死亡，都不算是壞事。你可以想想自己的一生，包括童年、少年、壯年、老年，每步向下一個階段，就像是一次死亡。這值得害怕嗎？接著，想想你在祖父膝下的時光、在母親膝下的時光、在父親膝下的時光。當你又發現許多差異、變化與終了，再問問自己：這值得害怕嗎？依此類推，即使你的整個人生終結了、休止了、變化了，都不值得害怕。

22.

趕緊省察你自己的理性、宇宙的理性、鄰人的理性吧：省察你自己的理性，讓它變得更公正；省察宇宙的理性，記得你是其中的一部分；省察鄰人的理性，了解對方究竟是愚昧之人或有識之士，再想想，對方的理性與你的理性是相去不遠的。

23.

既然你是社會體系的一員，就讓自己的每個行為融入其中吧。當你的行為無法直接或間接造福社會，就足以撕毀你的生活，破壞其完整性，讓人變得憤世嫉俗，就像在群體中獨來獨往，和大眾保持距離的人一樣。

24.

小孩的爭執與嬉鬧，可憐的靈魂背負著屍體，這便是一切了。亡者住宅裡的擺設①，更能讓我們看清死亡為何物。

25.

觀察物體的外形特徵，將物質特徵擱在一旁，再仔細審視此物；再去判斷，在自然情形下，這種形式的物體最長能存續多久。

26.

你吃盡了無數的苦頭，因為當理性按本性行事時，你卻心生不滿。不要再抱怨這件事了。

27.

假使有人責怪你或討厭你，或者有人說話中傷你，請你走近他們的靈魂、深入他們的內心，看看他們是什麼樣的人。你會發現，不管對方怎麼看你，你都沒必要在意。不過你必須善待對方，因為他們的本性都是友善的。而眾神也會窮盡一切辦法，包括託夢或神諭，幫助他們達成個人重要心願。

28.

宇宙的運作模式總是如此：上上下下，歲歲年年。也許宇宙理性會在各種情境中主動運轉，如果事實真是如此，你就安心接受理性運轉的結果吧；也許宇宙理性只主動運轉一次，萬物便依序而生；也許萬物純粹是不可分割的粒子罷了——總之，如果宇宙間有神明，一切就能順利運作；倘若一切皆由機運做主，你也不該隨機行事。

很快地，我們都會被埋入土中，不久之後，土本身也會變，最後變化不休，永無止境。當人想到變化一波接一波，而且來勢之快，他就不會把易腐之物看在眼裡了。

29.

世間的成因就像冬日的激流，能挾萬物奔流而去。那些在政治圈裡打滾，卻自視為哲學家的可憐蟲，簡直一無是處！全是喋喋不休的蠢材。那麼你啊，本性要你做些什麼，你就去做吧。只要你辦得到，就立刻去做吧，不必四處張望尋找他人的目光，也不要奢望柏拉圖的理想國了；當事情有一絲進展，你就該心滿意足，而且不要覺得這是小事。畢竟，有誰能改變別人的看法？我們改變不了別人的看法，只能讓對方像奴隸一樣表面順從、背地哀號。來，再跟我講講亞歷山大、菲力普斯、法勒魯姆的德梅特留烏斯的故事。他們都會思考，共同本性究竟要求他們做些什麼，再據此鍛鍊自己。就算他們想扮演悲劇英雄，也不會有人逼我模仿他們。哲學之道是樸實而謙遜的。不要把我帶入狂妄自大的歧途。

30.

俯瞰世間無盡的人群、無盡的儀式，遍覽狂暴或平靜海面上的無數種航行，看看正降生世間的人們、與彼此同住的人們、死去的人們，想想他們之間的差別。再想一想古代人的生活、後代人的生活、當代野蠻民族的生活，想想他們之中，有多少人根本不認識你的名字、有多少人很快會忘掉你的名字；想想有些人可能正在讚美你，但不久就會反過來責怪你。至於死後的美名、生前的讚譽，甚至其他種種事物，都是不值一提的。

31.

讓內心平靜，不受外在事物干擾；執守公平正義，讓源於內在因素的行動保持公正；換言之，讓自己的意向與行動皆為社會服務，因為這樣做才符合你的本性。

32.

你可以屏除許多無益的煩惱，因為這些煩惱不過是你的想像。如果你想給自己更寬廣的空間，你可以用心體會整個宇宙、思索時間的永恆，再細看每樣事物如何快速變化、由生至死多麼短暫，而誕生之前的時間是如此遼闊無邊，恰與死亡之後的無窮無盡如出一轍！

33.

你所見的事物很快就會消亡，而目睹事物消散的人，很快也會跟著消亡。長命百歲的人與早夭的人，最後的結局都是一死。

34.

這些人的行事原則是什麼？他們在忙些什麼？他們付出愛與敬意的動機有哪些？試著想像他們可悲的靈魂赤裸的模樣。他們認為靠咒罵就能傷人，靠讚美就能造福他人，真是自以為是！

35.

喪失就是變化。宇宙本性崇尚變化，依循此道，萬物便成了今日完熟的樣貌，這是亙古以來的常態，未來也將永遠如此。所以你為何要說，萬物從古至今都是壞的，而且會無休無止地壞下去？你為何還說，眾神總是缺乏糾正這些事物的能力，讓全世界逃不出惡的網羅？

36.

萬物的基本元素都會腐朽！包括水、塵、骨、汙。話說，大理石不過是大地的繭；金與銀，不過是大地的渣滓；服裝，就只是幾撮毛髮；紫色染料，就只是血而已；其他類似的東西亦然。生命氣息也差不多如此，樣貌會一變再變。

37.

「人生之悲慘，各種怨言和蠢事，真是令人厭倦！」你為何這麼痛苦？這事有什麼新鮮的？你在擔心什麼？事物的成因嗎？那就看個仔細。事物的本質嗎？那就看個仔細。「但除了這兩件事，就沒有別的了。」那就望向眾神，讓自己變得更純樸良善吧。這些事不管看個一百年還是三年，結果都一樣的。

38. 做錯事的人只會傷到自己。不過，他有可能沒做錯什麼。

39. 也許萬物都來自同一個理性根源，並合為一個整體，任何其中的一分子，都不該埋怨對整體有益的事；也許萬物不過是原子，一切都只是原子的交雜及四散而已。所以，你究竟在煩些什麼？請對自己的理性說：「你死了！你朽了！你是個偽君子！你成了一頭牛！你正在和其他的牛吃草！」②

40. 眾神也許有力量，也許沒有。如果沒有，你為何要向祂們禱告？如果有，你為何不求祂們賜你力量，讓你不畏懼你畏懼的事物、不渴求你渴求的事物，或不為任何事所苦？你為何只祈求這些事物發生或不發生呢？因為很顯然地，如果眾神能夠幫助人，祂們就會為此伸出援手。但你或許會說，眾神已經將這些事交給你處理了。那麼，你如果能運用你有權掌控的事物，讓自己過得自由自在，而不要垂涎你無權掌控的事物，讓自己像個卑賤的奴隸，不是比較好嗎？又是誰跟你說，當我們運用自身權力的時候，眾神不會助我們一臂之力呢？那麼，你可以試著為這類事物祈禱，看看結果如何。有個人這樣禱告：「我要如何才能和這個女人同床共枕？」而你可以這樣禱告：「我要如何才能不去渴望和這個女人同床共枕？」另一個人這樣禱告：「我要如何才能擺脫這個人？」而你可以說：「我要如何才能不去渴望擺脫這個人？」還有一個人會說：「我要如何才能不失去我的兒子？」你可以說：「我要如何才能不怕失去他？」總之，請你試著這樣禱告，看看結果會如何。

41.

伊比鳩魯說：「在病榻上，我絕不提我的身體多難受。」他還說，「我也不會和來探病的人聊這些，我會一如往常談論自然之道，而且把重點放在這：心靈如果必須共同承擔肉體的感受，要如何不受其干擾，並保持良善的狀態呢？」他說，「我不會讓醫生有機會擺出高姿態，覺得自己正在做什麼了不得的事，我會繼續過著幸福快樂的人生。」如果你跟他一樣病了，就照他的方法去做，在其他危急狀況下亦然；因為各家哲學公認，無論遭遇什麼狀況都不能拋棄哲學，不要和愚昧、不識自然之道的人胡扯瞎聊；你只需要專注於你正在做的事，以及做事的方法就好。

42.

如果你被某人的無恥行徑冒犯了，請立刻問問自己，這般無恥的人有可能從世上消失嗎？答案是不可能。所以，就別要求不可能的事發生了，因為世界上必定會有這種人，他只是其中之一。再想想，如果你遇上的是個無賴、背信忘義者，或是任何行為偏差的人，你也要想到這一點。因為當你告訴自己，世上總是會有這種人，你就能善待每一個人。被冒犯的時候，你還可以再思考一件事：「自然給了人類哪些能用來應對偏差行為的美德？」針對愚昧的人，自然賜給我們和善這項解方；針對其他麻煩人物，自然則賜給我們其他能力。在任何情況下，你都能勸說誤入歧途的人，指出他們犯的錯；因為人就是在迷失目標、誤入歧途之後，才會犯錯的。而且，你真的被傷害了嗎？你會發現，那些冒犯你的人所做的事，沒有一項能傷害你的心靈。你所認定的惡行和傷害，全是你內心的想像。一個愚昧的人做了蠢事，會對你造成傷害嗎？他這麼做意外嗎？你反而該想想自己是否有錯，因為你沒料到對方的行徑竟如此愚蠢。畢竟你有理性思考能力，能預期對方會犯下這種錯，但你卻忘了使用這項能力，還因為對方犯錯而大吃一驚。不過，當你指責別人忘恩負義時，請先反省自己。因為犯錯的顯然是你，你可能誤認這樣的人會信守承諾，也可能在釋出善意時並未付出全心全意，導致你的努力無法獲得完整回報。你既然都幫助了人，難道還別有所求？你已經做了順應本性的事了，你還不滿意嗎？你還想拿報酬嗎？就好比眼睛為了觀看而索酬，或是腳為了走路而索酬。這些部位生來就具備某種目的，按照內在組織盡了本分之後，便成就了自己；因此，人生來就是為了行善，只要做了善事或用別的方式貢獻社會，就相當於盡了本分，並且成就了自己。

---

① 蓋塔克認為，τὸ τῆς Νεκυίας可能指死亡狀態，是一種戲劇性的表達方式。舒茲認為可能指《奧德賽》第十一卷中的Νεκυία。

② 無論主宰萬物的是理性還是機運，人都不應該因此忐忑不安。人必須發揮自己的力量，讓內心獲得寧靜。

第十卷

勇往直前

最穩妥的做事、說話方式是什麼？

無論最後該怎麼做、怎麼說，

都是你自己能決定的，

不要推三阻四，說自己受到了外力阻撓。

不要空談理想中的好人，
直接當個好人吧。

1.

我的靈魂啊，你是否會變得善良、純樸、完整、透徹，比包裹你的肉身更清晰可見？你是否會感受到甜蜜與幸福？你是否能變得充實圓滿、無欲無求，不為享樂而垂涎有生命或無生命之物，不為享樂而希冀長生、宜人之地與氣候，或追求能和睦相處之眾？你是否能滿意當下的狀態、滿意自己的種種？你是否能相信，自己已經擁有了一切，而且這一切都是眾神所賜？你是否能相信眾神喜愛的事物必定適合你，而且將永遠如此？你是否能相信，眾神不但會賜予這些事物，更是為了保全完美的生命體①？你是否能相信，這良善、公正、美麗的生命體能孕育、凝聚萬物，也能容納、呵護在消散後催生他者的萬物？你是否能與眾神及人類和諧共處，不去挑剔他們，也不受他們非難？

2.

覺察本性要求你做的事，因為你只受本性支配；接著請以活人之姿，以本性不受損為前提，讓自己甘願執行這些要求。再來，當你身為活人，你必須覺察本性要求你做的事。對於這些要求，請以理性動物之姿，以本性不受損為前提全盤接受。由此看來，凡是理性的動物必然合群。所以，請你好好運用這些原則，除此之外，不需要為別的事操心。

3.

世間發生的一切，既有你的本性能承受的部分，也有你的本性不能承受的部分。如果是前者，請不要抱怨，只要按你的本性去承受就好。如果是後者，也請不要抱怨，因為這件事吞噬你之後便會自行滅亡。但請記得，你的本性是能承受一切的；能否忍受一件事，都取決於你的念頭，你得思考這件事對你有益或無益、屬不屬於你的本分。

4.

如果有人犯錯了，請你好好勸告對方，指正他的錯誤。但如果你辦不到，請檢討自己，或者誰都不檢討。

5.

你所遭遇的任何事情，都是自亙古以來就註定的；而其中的因果關係，也是自亙古以來就註定的，因果關係轉著紡紗車，使你的生命與偶發事件彼此交織。

6.

宇宙或許是原子之集大成，或許是自成體系的自然本性。但我們得先明白，我是自然本性所主宰的整體中的一部分；其次是，我會和與我相似的其他部分緊密相繫。當我記住這點，而且又身為整體的一部分時，不管整體賜給我什麼，我都會欣然接受，因為對整體有益的事物，也不會對各部分造成損害。對整體無益的事物，是不見容於整體的，這是所有自然本性的共同特色。不過，宇宙的自然本性卻多了一項特色：它不會受外在因素壓迫，委屈自己製造有害自身的事物。我只要記得自己是整體的一部分，就能安心接受一切發生的事物。而且，只要我與相似的部分緊密相繫，就不能做出不合群的行為；我得親近與我相似的事物，並盡己所能造福群體，不走全然相反的道路。這些事都做到了，生活自然會幸福快樂，就像一位不斷替大眾服務的公民，只要他樂意執行國家指派的任務，自然會過得幸福愉快。

7.

整體的各個部分，即宇宙本來就擁有的一切，是免不了要消亡的；但所謂的消亡，其實也意謂著變化。不過這對各個部分而言如果是必要之惡，整體也無法維持良好狀態，因為各部分總會一變再變，生來註定會以各種方式消亡。宇宙自然是否刻意對自己的各部分行惡，導致這些部分可能或必然陷入邪惡之中，還是會任其如此卻毫無自覺？這兩種說法，都無法取信於人。如果一個人棄「宇宙自然」（一股強勢的力量）這個概念於不顧，只說萬物「天生」如此，那麼，一面主張整體的各個部分生來就會變化，一面又為了事物消解為原先的組成粒子而感到詫異、氣結，覺得這件事有違自然之道，這樣的立場就太過荒唐了。因為，具備組織的事物不是會四散為元素，就是會經歷變化：固態成分會化為塵土，氣態成分會化為空氣。最後，這些部分又回到了宇宙理性的懷抱，過程中或許會被火焰吞噬，或許會在永恆變化當中一再翻新。請不要誤以為從你誕生的那一刻，固態及氣態成分就歸你所有了。你身上的這些成分，都是你昨日與前日進食、呼吸時攝入的。這些被你攝入的成分早已變化過了，不是在母胎裡就形成的。縱使你在母胎裡形成的部分，會使你與後天經過變化的部分緊緊相繫，這跟我的說法並不相斥。②

8.

如果別人說你是個善良、謙遜、真誠、謹慎、坦然、開闊的人，請好好保留這些稱號；要是你的言行偏離了這些稱號，請盡快讓自己回復原貌。記得，「謹慎」這個詞，意指你能洞察事理、關照全局；「坦然」這個詞，意指你能甘願接受共同本性賦予你的一切；而「開闊」這個詞，意指你能讓心超然物外，不為苦樂所囿，並看淡虛名、生死這一類事物。如果你已經獲得了這些美名，但卻不在乎別人是否如此稱呼你，你將會脫胎換骨，蛻變出新的人生。因為因循苟且、任人生折騰侵蝕的人，往往愚昧無知、貪生怕死，就像半身被野獸吞吃的競技場鬥士，即使渾身已千瘡百孔，仍乞求自己能多活一天，隔天拖著舊傷上場，再被同樣的利爪尖牙撕咬一番。③那麼，你就好好守住這些美名吧，如果你能堅持下去，就會像是搬到喜樂之島定居一樣。④如果你發現自己堅持不住，失掉了這些美名，就大膽出走，找個能讓你堅持的角落待下去；或者乾脆揮別人世，但不要出於憤恨，而是出於純樸、自由、謙遜，把這件值得稱頌的事做好，就能揮手離開了。想記住這些美名，最好的方法便是時時想著眾神。記得，祂們要的不是阿諛奉承，而是希望理性動物的樣貌都能和自己一樣。你還必須記得，無花果樹就該做無花果樹的工作、狗就該做狗的工作、蜜蜂就該做蜜蜂的工作，而人就該做人的工作。

9.

看戲⑤、戰爭、驚愕、麻木、奴役，這些事會日復一日磨光你的神聖準則。你在不了解自然的情況下幻想過多少事，又忽略了多少事？你必須觀察每件事、做每件事，好好處理眼前的任務、運用理性思考能力，將源於真知灼見的自信穩住，你不必招搖賣弄，亦無須深藏不露。你何時才能享受純樸的快樂、尊嚴的快樂、擁有真知灼見的快樂？對於每樣事物，你是否了解其實質、在宇宙裡的位置、會存在多久、組成成分、最終會歸於誰、誰能將它給人或取走？

10.

蜘蛛因捕到蒼蠅而沾沾自喜，人因捕到野兔、撒網捕到小魚而沾沾自喜，或因捕獲野豬、熊而沾沾自喜，或者因擊敗薩爾馬提亞人而沾沾自喜。但看看這些人的反應，他們不都跟強盜一樣嗎？⑥

11\.

請練習思索萬物如何交相變化，並勤加運用這樣的思維，讓自己全心投入哲學。最能拓寬你心胸的學問，莫過於此。一個人如果願意這麼做，就會拋開肉身，而當他明白自己隨時可能離開人世，便會拋下一切，行公正之事，無論遭遇什麼事，都會把自己交給宇宙本性。對於他人的評論、眼光或反對，他一概不理不睬，只有兩件事會讓他心安理得：自己的行為是公正的、自己安於所擁有的一切。他不會心猿意馬，只會循律法筆直前進⑦，步上追隨神的正途。

12\.

既然你能判斷自己該做什麼，何必猶豫呢？如果你已經摸清自己該走的路了，就心甘情願走下去，不要回頭；如果你覺得前途茫茫，就先停下腳步，向人求教。如果你遇到了阻礙，就秉持謹慎而公正的態度，按自己的步調前進。能做到這點，就是最理想的境界，而唯一值得你在乎的成敗，只有達不達得到這個境界。隨時都能遵循理性行事的人，就能既從容又積極、既愉悅又鎮定。

13.

早上起床時，請你問問自己：「當別人做了公正合理的事，你認為和你自己來做有什麼不同？」答案是，沒有什麼不同。

我想你應該沒忘記，那些恣意對他人加諸毀譽的人，在床上和餐桌上都是這個樣子吧？你應該沒忘記他們做了什麼、逃避或追求什麼，以及他們如何不靠手腳偷盜，而是靠他們最珍貴的部分去偷盜，也就是人只要願意，就能產出忠誠、謙遜、真理、規範、美好的神性（幸福感）的部分？

14.

一個有見識又謙遜的人，會對有權賦予一切、收回一切的宇宙自然說：「你想給什麼就給，你想收回什麼就收回。」這句話並非出於自負，而是對宇宙自然的順從與善意。

15.

你的來日不多了，請用山居模式過活。人不管住在何處，只要能把全世界當成一座城邦來活，結果都是一樣的。讓世人明白你是個按本性過活的人，如果他們容忍不了你，就讓他們殺了你吧，因為這總比過他們的生活好。

16.

不要空談理想中的好人，直接當個好人吧。

17.

無論何時，你都要把時間和實質當作一個整體看待。在實質上，請把每件事想像成一粒無花果種子；在時間上，請把每件事想像成木鑽的一次轉動。

18.

細看眼前的一切，明白一切正在消融、變化著，或是處於腐敗、四散的狀態，或者天生就註定會消亡。

19.

想想人在進食、睡覺、交媾、排泄時的模樣，是何等醜陋啊！想想人霸道又自負時，或對下位者頤指氣使的模樣，是何等醜惡啊！沒多久之前，他們還為了某些事聽命於人，沒多久之後，他們又會變成什麼樣子？

20.

宇宙自然賦予每件事物的一切，都對該事物有益。宇宙自然賦予的那一刻，也是對每件事物有益的時刻。

21.

「大地熱愛甘霖」、「莊嚴的上天同樣熱愛」；宇宙熱愛製造應當存在的事物。於是我對宇宙說：「你熱愛什麼，我就熱愛什麼。」我們不是常說「某物熱衷存在」嗎[8]？

22.

或許你正居住在此，也已經習慣了；或許你正要離開，而且是出於你的意願；或許你即將離世，職責也都盡了。除此之外，再沒有其他選擇。所以，勇往直前吧。

23.

請你永遠明白，此處與他處毫無區別；這裡的環境，與山巔、海濱或任何你想待的地方並無二致。因為你會發覺，柏拉圖的話很有道理：「被城牆環繞，跟在山裡被羊群環繞如出一轍。」⑨

24.

理性對我而言意義何在？理性現在被我塑造成什麼？我現在運用理性是為了什麼？它是不是沒有智慧？它是否與人群脫節，格格不入？它是否已經與肉身融為一體，隨著肉身的起伏而變動？

25.

逃離主人的人，就是個逃亡者；但律法是我們的主人，所以犯法的人是個逃亡者。感到悲傷、生氣或害怕的人，都是不滿這一點：過去、現在、未來的種種，是由身為律法、替每個人指派命運的萬物主宰者所決定的。因此，害怕、悲傷、生氣的人也是個逃亡者。⑩

26.

一個人在子宮裡留了精，然後離開了；接著另一個機緣啟動，費了一番工夫，製造出一個嬰兒。這成品真是驚人！嬰兒吞嚥了食物，接著另一個機緣啟動，製造出知覺與動作，換言之，就是賦予生命和力量，以及許多稀奇的事物！看看這些在冥冥之中產生的事物，再看看背後的那股推力，就像觀察讓事物上下起伏的推力一樣，雖然並非肉眼可見，但始終清晰明瞭。

27.

隨時想一想，萬物今日的面目、昔日的樣貌是如何形成的；到了未來，它們依舊會是同一個樣。把你經歷過的劇碼、讀過的歷史情節，全都搬到眼前瀏覽一番，譬如哈德良王朝、皮烏斯王朝、菲利普斯王朝、亞歷山大王朝、克羅伊斯王朝。這幾齣戲跟現在的劇碼相去不遠，只是換了一批演員而已。

28.

總是怨東怨西的人，就像死前掙扎哀嚎的牲禮豬一樣。躺在床上暗自嗟嘆命運枷鎖的人，也像是隻牲禮豬。要知道，只有理性動物才能主動接受一切，盲從則是生物的本能。

29.

每做一件事，就試著反問自己：「死亡究竟可不可怕？畢竟我一旦死了，就不能做這件事了。」

30.

當別人犯錯惹惱了你，請你立刻反省自己是否犯過類似的錯，比方說，你曾經認為錢是好東西，或者享樂、虛名等等是好東西。當你開始自省，氣很快就會消了，你可以再對自己說，對方是被迫這麼做的，不然他還能怎麼辦？如果你行有餘力，還可以幫他剷除壓力源頭。

31.

當你看見蘇格拉底學派的薩提隆⑪，就想想尤提切斯或希門；當你看見尤發提斯，就想想尤提切翁或希爾凡努斯；當你看見阿契佛隆，就想想卓派歐佛魯斯；當你看見色諾芬，就想想克里托⑫或塞維魯斯；當你看見自己，就想想任何一位凱撒。依此類推，當你看見其他人，就同樣做如是想。再來，請記得隨時問問自己：「這些人都到哪去了？」他們已經無影無蹤，去了無人知曉的地方。長此以往，你眼中的人事就會成為過眼雲煙，無足輕重。當你發覺凡事一經變化便永不復返，這樣的感受會更強烈。看看你自己，你很快也會消逝了，不是嗎？那麼，讓自己體面度過這短暫的一生，難道還不夠嗎？你不想面對的，究竟是哪些狀況、哪些計畫？這一切不都是用來鍛鍊理性的事物，讓理性能洞察世事的本質嗎？所以請你持之以恆，直到你內化了這些道理為止，如同健康的胃將食物消化、吸收，如同火焰將其吞噬的物體轉化為光與熱。

32.

不要讓人有權說你不夠純樸、不夠善良；只要聽到有人這麼說你，就把對方想成騙子，這件事你絕對辦得到。如果你想當個純樸善良的人，有人攔得了你嗎？要是你不想當這種人，就乾脆不要活了吧。因為，要是你沒辦法變成這種人，理性也不會讓你活下去的。

33.

就我們的人生而言，最穩妥的做事、說話方式是什麼？無論最後該怎麼做、怎麼說，都是你自己能決定的，不要推三阻四，說自己受到了外力阻撓。你依然會抱怨個不停，除非在現在這件事情上，你已經能享受按本性行事的樂趣，猶如享樂主義者能享受聲色之娛；因為，人應該按本性從事能力所及之事，並且樂在其中。無論身在何方，人都能夠如此自娛。再說，圓筒無法靠自己四處滾動，而水、火等由大自然或無理性靈魂主宰的事物，同樣沒有辦法自在活動，因為能阻擋它們的障礙太多了。相反地，智慧和理性卻能按本性及意志突破所有障礙。想像一下，理性究竟是如何突破障礙的，猶如火焰向上燃起、石頭下墜、圓筒沿斜坡滾落；除此之外，無須多慮。因為，其他各種障礙至多影響無生命的肉身，並不會對我們造成打擊或傷害，除非念頭或理性自動屈服了。若情況演變至此，受打擊的人會立刻敗壞。再說，凡是人類以外的事物，一旦遭受傷害必定敗壞；反之，當人能妥善運用逆境，就會變得更美好、更值得稱頌。最後要記得，凡是傷不了城邦的事物，必然傷不了真正的公民；凡是傷不了律法（秩序）的事物，必然傷不了城邦；而所謂的不幸，從來都傷不了律法。因此，傷不了律法的事物，必然傷不了城邦或公民。

34.

已經悟道的人，只憑一句簡短、通俗的格言也能提高警覺，讓自己不陷入悲傷和恐懼之中。好比底下這句：

「人，猶如被風掃落的葉子。」⑬

你的兒女也是葉子；那些靠吼叫求取關注、四處逢迎諂媚、人前咒罵、人後詆譭之輩，全都是葉子；而那些幫忙散播美名，使之流傳後世的人，同樣都是葉子。詩人說，這一切「到了春天又會萌芽」，接著被風掃落一地，樹木再長出新葉取而代之。倏忽即逝是萬物的宿命，只是你在迴避或追求一切的時候，似乎認為萬物會永恆不衰。再過不久，你就會闔眼離世了；而替你下葬的人，很快也會成為被悼念的對象。

35.

健康的眼睛應該要遍覽所有可見的事物，不應該說：「我只想看綠的東西。」因為，只有生病的眼睛才需要如此。健康的聽覺及嗅覺應該要能接收所有可聞、可嗅的事物，健康的胃應該要能容納所有食物，像磨坊一樣磨碎所有可磨的穀物。依此類推，健全的心靈應該要能應付所有狀況。但如果心靈說：「讓我的兒女安穩地活著！讓所有人稱讚我所有的舉動！」就跟專看綠的眼睛、專吃軟的牙齒沒兩樣了。

36.

沒有人的運氣能好到在臨終時，身邊完全沒有人為此開心。⑭就算某個人既善良又聰慧，總是會有另外一個人說：「我們終於可以擺脫這個老師的掌控，自由自在呼吸了吧？的確，他對我們是不嚴格，但我總覺得他會偷偷咒罵我們。」好人尚且如此，換成我們，期待我們消失的人更會抱持各式各樣的理由。你可以在死前想想這件事。要是再進一步思索，你會走得更加心甘情願：「我就要離開人世了。我為了身邊親近的人如此賣命，又為他們禱告、擔憂，但連他們都希望我趕快離開，給他們一點喘息的空間。既然如此，我又何必留戀人間？」不過，也不要因此而變得苛刻，請貫徹你的品行，繼續當個和藹可親的人。而且臨終前切莫面露猙獰，請像靈魂脫離肉體一般安適自在。告別人群時正應如此，因為是宇宙自然使你們相聚的；只是，它現在又拆散了你們。我要和親友分開了，但我並非被迫，也無須抵抗，因為離世也是自然法則之一。

37.

對於別人的所做所為，請盡量習慣反問：「這人有什麼目的？」但首先要從自己出發，先檢視自己。

38.

請記住，牽動絲線的是隱而不顯的力量：這股力量是話術、是生命，也有人說，這股力量就是人。當你自省時，一定得排除罩住你的軀殼，也要排除附於軀殼的器官。器官就像一把斧頭，但兩者唯一的差異是，器官天生就長在身體之上。一旦脫離了促使自己移動或靜止的成因，這些器官就毫無用處了，猶如織工的梭子、作家的筆桿、車伕的鞭子。

---

① 此處指上天，即芝諾所定義的上天。

② 本段結尾遭人改動過，語義極為不明。此處的英譯是根據上下文脈絡翻譯，讓文意能夠前後連貫。安東尼努斯認為，人最核心的部分永遠不會改變，而其他部分即使變化、消失了，也不會影響人的核心組織。

③ 見塞內卡《道德書信》之七十，其中提到羅馬人當年的娛樂之一，便是觀賞人獸互鬥表演。這類鬥士又名鬥獸士，有些人的身分可能是囚犯。

④ 喜樂之島是希臘、羅馬作家一再提到的概念。如〈哈摩迪烏斯與亞里斯多吉頓之歌〉（*Scolion of Harmodius and Aristogiton*）所述，這座島是阿基里斯、狄歐梅德斯等英雄人物的居所。塞托留斯曾聽去過卡地斯的水手描述當地的島嶼，因此十分嚮往前往島上居住，一解煩憂。在《奧德賽》中，普羅特斯對梅內勞斯說，與其死在阿爾戈斯，他寧願遠赴天涯海角，死在拉達曼圖斯居住之地（《奧德賽》第四卷）：

「那兒的生活舒適宜人：

沒有風霜雨露侵擾，
海面永遠微風徐徐，
吹拂著居民的笑顏。」

我們可以確定，這段文字的內容完全建立在古老傳說之上，現實中到底存不存在這種地方，作者其實毫無概念。塞托留斯聽水手說的兩座島，可能是馬德拉島與其鄰島。

⑤ 柯萊伊斯認為Mimi（幾乎或全部以動作和手勢呈現的羅馬戲劇）應該改為「憤恨」（μῖσος）。

⑥ 安東尼努斯的意思是，征服者與強盜無異。他自己也率軍攻打過薩爾馬提亞人，所以跟其他征服者一樣都是強盜。

⑦ 此處的律法指神之律法，即循神意而行。

⑧ 這段文字出自尤里皮底斯。斯多噶主義者很愛鍊字。安東尼努斯在這段用了φιλεῖ這個動詞，既指「愛」，又包含「習慣」、「經常做」等義。他會去挖掘人類日常語言背後的哲理，因為最深刻的道理，往往藏在平凡無奇的話語裡；有些人能悟出這層深意，但大部分的人只會說話，無法洞察話語裡的哲理。

⑨ 柏拉圖的泰阿泰德篇。

⑩ 安東尼努斯玩了文字遊戲，同時使用νόμος（法律，或分派每個人應得之份額）一詞與其詞源νέμω（指派）。

⑪ 關於薩提隆這個人，我們如今一無所知；尤提切斯或希門同樣未留下任何相關資訊。愛比克泰德在《語錄》中曾經稱讚過尤發提斯，而普利尼在《宗教書信》中也稱讚過他。尤發提斯年老體衰之際，曾向哈德良皇帝申請自盡許可，最後獲允服毒自盡。

⑫ 克里托是蘇格拉底的友人，似乎也是色諾芬的友人。皇帝安東尼努斯這裡所說的「看」（ἰδὼν），指的不是用眼睛看。

⑬ 見荷馬《伊里亞德》第二卷。

⑭ 原文是κακόν，但在其他段落當中，他也主張死亡並非惡事。因此，他的意思應該是一般人認為死亡是惡事，但他認為死亡不過是件「即將發生的事」。

第十一卷

唯有心是自由的

心越平靜，人就越自由、越強大。

痛苦是一種脆弱，憤怒亦然。

一旦屈服於痛苦及憤怒，

人會因此受傷且逆來順受。

人的靈魂具有把生活過好的潛力，只要淡然面對無足輕重的事物就可以了。

1. 理性靈魂的運作特色如下：能看見自己、分析自己、成為自己所願的模樣；能享受自己結出的果實——至於其他人會享受的，則是植物結出的果實及源於動物的產物——能達成自己的目標，無論壽命是長是短。舞蹈、戲劇這類表演行為一旦中斷，整體性就被破壞了；但理性靈魂不同，不管壽命的終點何時來到，理性靈魂都能使先前的所做所為臻於圓滿，一絲不漏。這時它就可以說：「我已經擁有我需要的東西了。」此外，理性靈魂還能跨越整個宇宙與周圍的虛空、觀察宇宙的形貌、讓自己在無限的時間內延伸，思索並領悟萬物的循環週期。它能領悟到，我們的子孫不會看見任何新鮮事，祖先的經歷也不會多過我們。人只要有點悟性，當自己年屆四十，就會看遍過去與未來的一切了，因為萬物古往今來如出一轍。理性靈魂還具備這些特色：汎愛鄰里；實在且謙遜；重視自身甚於他者，這也是律法的特色。[1]因此，正確的理性與公道的理性如出一轍。

2. 對於賞心悅目的歌舞或角鬥，你是不會太重視的。前提是，你能將甜美的曲調拆解為單音，再就每個音符反問自己：「我是否已經沉迷其中，無法自拔了？」你肯定會羞於承認。針對舞蹈，你可以將動作和姿態一一拆解出來；針對角鬥，你也能如法炮製。那麼，針對美德與德行實踐以外的萬事萬物，你都要試著化整為零，然後，你就能一一鄙棄你拆解出來的單獨元素了。對於你的一生，你也要這樣處理。

3.

必要時，立刻就能脫離身體，或者消亡、四散或續命的靈魂，是何等的崇高！而能夠如此從容，靠的是一個人的理性判斷，不是像基督徒一樣抵死不從；你還得體恤他人，帶著尊嚴說服對方，但無須搬演悲情大戲。

4.

我做了對大眾有益的事了嗎？是的話，我就已經獲得報酬了。請你永遠做如是想，而且要持續行善，切莫半途而廢。

5. 你擅長什麼?「當個好人」。如果你無法掌握共通法則,也就是一方面了解宇宙本性、另一方面了解人的內在組織,怎麼可能達成目標呢?

6. 悲劇最初會搬上戲台,是為了演出人們會經歷的真實情狀,提醒大家一切會按自然之道發生;而且,當你覺得某個橋段十分逗趣,也就不必為人生大舞台上發生的同樣事件心煩了。因為,你會明白事情必定會如此發展,即使是大喊「噢,奇泰隆!」[2]的人,也得接受這樣的事實。的確,有些戲劇作品頗有警世效果,例如:

「眾神拋棄了我和我的孩子,

但事出必有因。」

以及:

「沒必要對事件發怒。」

還有:

「熟成的生命,就像飽滿的麥穗一樣被收割。」

類似的例子很多，不勝枚舉。

在悲劇之後出現了舊喜劇。其風格自由卻寓意深長，其用語之淺白，更有助於提醒人們克制放蕩行為。基於同樣目的，第歐根尼斯也採取了這種寫作風格。

後來又興起了中喜劇，我們要了解其風格為何；其後出現的新喜劇雖然淪為各種仿作，我們還是得了解其創作動機。眾所周知，這些作品中也不乏名言錦句，但我們必須想想，這些詩歌及戲劇手法藏了什麼動機。

7.

有件事再清楚不過：沒有別種生活比你現在的生活更適合進行哲學思考了。

8.

從鄰枝上砍掉的一根樹枝，必然也是從整棵樹上砍掉的。同樣地，當一個人疏離他人，就等於和整個社會脫節了。不過，樹枝是被人砍掉的，但一個人卻是出於厭惡主動閃避他人，才會與對方疏離。只是他不知道，這麼做會讓自己和整個社會脫節。還好，使人類合群的神賜給人一種天賦，讓我們能回到鄰枝旁生長，並重回整體的懷抱，再度成為其中的一分子。但人要是太常脫節的話，要從脫節狀態回復到先前的凝聚狀態，恐怕就相當困難了。最後，始終與樹木一同生長的樹枝，和被砍掉又重接的樹枝已經截然不同。就像園丁常說的，這些斷枝表面上回歸到樹木的懷抱，但卻無法與其他樹枝上下一心了。

9.

當你循著正道前進時，那些攔路的人是無法阻止你行正當之事的。所以，請不要因此就不對他們釋出善意，而是應該同時留意兩件事：第一，你的判斷和行動必須堅定不移；第二，你要善待那些攔路或試圖干擾你的人。對這些人發怒，或者開始走偏、被嚇到讓路，都算是一種弱點；至於怯懦無為與背離親友，都算是棄守崗位的行為。

10.

自然本性不會比藝術遜色，因為藝術都是從自然本性模仿而來。假設此言不虛，那麼最完善整全的自然本性必然不會遜於藝術。在所有藝術當中，卑下的事物都是為了高尚的事物而生；宇宙本性的運作模式也是如此。沒錯，公義就是這麼出現的，而且還衍生了其他美德。如果我們太在乎中立的事物，或者容易上當、粗心大意、意志不堅，公義便無法維持了。

11.

有些事物是你想求也困擾、想避也困擾，但不是因為它們來找你麻煩，而是你自找的。試著移轉心思，不去想著這些事物，它們就不會再來叨擾你，你也不會再苦苦追求或避之唯恐不及了。

12.

靈魂是個球體，只要不向任何外界事物延伸、不內縮、不四散、不塌陷，就會渾圓如初，也會在真理之光照耀下發出光亮；真理之光既映照出萬物實相，也映照出靈魂內部的實相。

13.

有人鄙視我怎麼辦？那是他的事。不要表現出讓人鄙視的言行舉止，這才是我的事。有人討厭我怎麼辦？那是他的事。我對每個人都懷著愛心，面對討厭我的人，我也會指正對方的錯誤，但不會頤指氣使或故作寬容。我會像偉大的佛基翁一樣誠懇而坦率，除非佛基翁也是裝模作樣之輩。人應該要有這樣的內涵，因此在眾神眼中，你才不會整天忿忿不平或怨東怨西。如果你能順應本性做事，同時接受合於宇宙本性的事在此刻發生，又何必擔心災厄臨頭？你是人類，生來就是要做符合大眾利益的事，不是嗎？

14.

人們在內心互相仇視，表面上又彼此逢迎諂媚；內心希望自己高人一等，表面上又對人畢恭畢敬。

15.

說出「我決定誠心對待你」的人，實在是虛偽至極！大哥，你究竟在做什麼？這種話沒必要說吧？不用多久，你的心意就會透過行為表現出來，而且會明明白白寫在額頭上。一個人真正的個性，立刻就會從眼神流露出來，就像戀人在相處時，能透過眼神讀出對方的心思一樣。誠摯善良的人彷彿帶著一股濃厚體味，只要經過他身邊，沒有人嗅不到味道。裝出質樸樣貌的人，則有如扭曲的棍子。[3]天底下最臭不可聞的事，莫過於與狼談交情（虛假的交情）[4]了。這件事絕對不能做。真正樸實誠懇的人從眼神就看得出來，無所遁形。

16.

人的靈魂具有把生活過好的潛力，只要淡然面對無足輕重的事物就可以了。要讓靈魂變得淡定，就要從個別與整體的角度觀察這些事物，同時記得，這些事物不會主動在我們心裡留下印記，更不會自己挨近我們；要知道，這些事物始終文風不動，凡是關於它們的評價，都是我們自己想像出來、自己刻在心裡的。其實，我們可以選擇不要在心裡刻下這些評價，即使它們趁機溜了進來，我們也可以將其掃出門外。還要記住，我們很快就不必操心了，因為生命轉眼即逝。況且，這件事應該不難達成吧？如果評價與你的本性相符，你可以盡情享受，讓彼此和平共處；如果評價有違你的本性，就請你勇於追求合於本性的事物，無論是否能招來美名。畢竟，追求對自己有益的事物是見容於社會的。

17.

想想每項事物從哪裡來、由什麼構成、會變化為什麼、變化後會成為什麼，再想想此物如何能一絲不損。

18.

如果有人冒犯了你，請你先想一想：第一，想想我和他人的關係，我們生來是為了彼此互助的；另一方面也要想想，我生來是為了關照眾生的，如同羊群中的牡羊、牛群中的牡牛。不過，請先退回最基本的前提來思考：萬物若非由原子組成，就是由宇宙自然所主宰的。如果後者為真，那麼卑下的事物就是為了高尚的事物而存在，而高尚的事物則是為了彼此存在。

其次，請想一想人在用餐、就寢等情境下是什麼模樣；尤其要想想，人是如何被念頭左右；也要想想，人會如何因為自己的作為感到沾沾自喜。

第三，當別人做了對的事，我們不應該生氣。要是別人犯了錯，他們顯然並非蓄意，而是出於無知。因為，每個人都有可能會被迫揚棄真理，也會被迫失去公正待人的能力。但這些人不喜歡被當成不公不義、忘恩負義、貪得無厭的人，簡而言之，他們討厭被視為害群之馬。

第四，你跟其他人一樣都犯過不少錯誤，即使有些錯會使你自制，避免再次失足，你內心還是有犯錯的傾向，只不過是出於懦弱、維護名聲，或其他低劣的動機而沒犯錯罷了。

第五，你其實不能確定別人是否犯了錯，因為許多行為都是當下採取的權宜之計。總之，人必須努力增廣見聞，才能對他人的行為做出公正的評價。

第六，當你怒氣沖天或悲痛難平時，請想想人的一生何其短暫，而且不用多久，我們就會撒手人寰了。

第七，困擾我們的不是他人的行為，這些行為只與對方的理性思維有關；真正使人心煩的，都是我們自己的念頭。所以，請你拋開自己的念頭，不要再為了某人的行為而糾結，怒氣就會平復了。那麼，要怎麼做才能拋開這些念頭呢？你可以對自己說，你不需要為別人犯的錯感到羞愧：因為，如果除了羞愧之外還有其他錯誤，你自己肯定也犯過不少這樣的錯事，譬如當了強盜或別種惡人。

第八，比起這些我們深惡痛絕的行為，我們面對這些行為感到的深惡痛絕，反而會使我們更痛苦。

第九，和氣才是無敵的力量，但必須發自內心，而不是陪笑或配合演出。世上最兇殘的人能奈你何？你只要善待對方，或者當對方準備傷害你時，乘機溫和勸諫，一面糾正他的錯誤，一面說：「孩子，我們生來不是為了做這樣的事。你是傷不了我的，孩子，你只是在傷害你自己罷了。」請圓融地大略告訴對方，包括蜜蜂在內，所有天生合群的動物都不會這麼做。你的語氣不能模稜兩可，也不能頤指氣使，你必須和藹親切，切忌滿腔怨恨；不可好為人師，不可刻意賣弄，你要當作除了對方，沒有他人在場，即使當時確實有別人在場……

請謹記這九條原則，視之為繆思女神的禮物，趁有生之年好好當個人，但不可逢人便諂媚或發怒，因為這些皆非合群之舉，可能會造成傷害。當你激憤不已時，請不要忘記這個道理：隨便動怒有失男子氣概，溫柔敦厚更近乎人情，更具大丈夫風範。具備這些特質的人，不會成天發怒或抱怨，而是有力量、有膽識、有勇氣的人。心越平靜，人就越自由、越強大。痛苦是一種脆弱，憤怒亦然。一旦屈服於痛苦及憤怒，人會因此受傷，而且逆來順受。

如果你願意，請從繆思女神手中接下第十項禮物：期待惡人不犯錯，簡直與瘋狂無異，因為這就等於期待不可能的事會發生。但准許惡人冒犯他人，甚至期待自己不被惡人傷害，也與失去理智的暴君無異。

19.

理性脫序的情形主要有四種，你得時時小心提防，一旦察覺就要盡力排除，告訴自己：「這個念頭是多餘的」、「這樣會破壞人際關係」、「你要說的不是你的真心話」；因為，不說真心話是非常荒唐的事。第四種情形，則是無事不自責。這時，你的內在神性顯然已經不由自主，完全屈服於卑下而易逝的身體，以及粗鄙的享樂行為了。

20.

你體內屬氣與屬火的部分，雖然具備上升的天性，但為了遵循宇宙之道，只好被束縛在這個軀體當中。至於屬土及屬水的部分，它們雖然具備下降的天性，卻還是昂然挺立，占據了不符自身天性的位置。所有元素都會服從宇宙指示，一旦被分派了職務就會堅守崗位，直到宇宙下達各自消散的命令為止。這樣看來，只有你的理性不安其位，拼命反抗，這難道不奇怪嗎？除了與其本性相符的事物，並無任何外力束縛著理性，但理性卻抵死不屈，直往反方向走去。選擇向不公不義、放肆、憤怒、悲傷、恐懼妥協，無疑是背離本性的人會有的行徑。當理性遇上一點小事就忿忿不平，就相當於棄守崗位了。要知道，人的理性是用來崇敬眾神、遵循公義的，而這些德行都屬於合群行為，甚至比公義之舉更加優先。⑤

21.

人生目標不斷變動的人，就無法成為穩定一致的人。但這樣說還不夠，我必須解釋何謂人生目標。多數人眼中的好事，不見得每個人都能認同，只有涉及公眾利益的好事，才能讓所有人形成共識。因此我們設定人生目標時，必須以合群及公共性為準。能夠朝這個方向努力奮鬥的人，才能使行動一以貫之，讓自己成為穩定一致的人。

22.

不要忘記鄉下老鼠與城鎮老鼠的故事，也不要忘記城鎮老鼠的驚慌失措。⑥

23.

蘇格拉底常戲稱主流民意是「女妖」，是用來嚇唬小孩的。

24.

觀賞公眾表演時，斯巴達人會替來賓安排有涼蔭的座位，自己則隨處就座。

25.

蘇格拉底拒絕入帕迪卡斯⑦朝中效力時，他說：「因為我不想死得太難堪；意思是，我不想受人之恩，卻又報答不了。」

26.

以弗所人⑧的著作中有這麼一句教誨：「隨時懷想能實踐美德的先人。」

27.

畢達哥拉斯哲學家們認為，我們最好趁早上仰望天空，想想星體如何沿著同樣的軌跡運行、不斷進行同樣的工作，並想想星體有多麼純淨、素樸，因為星體表面是沒有遮罩的。

28.

想想蘇格拉底，他的妻子贊西佩拿走他的袍子離開家門，讓他只能披一件獸皮在身上，樣子實在狼狽。再想想，當朋友看見他這副模樣而羞愧走避，蘇格拉底又說了什麼話。

29.

無論讀書或寫作，你自己必須先掌握要領，才能進一步指導別人。至於人生的種種，更是如此。

30.

你只是個奴隸，你無權隨意發言。

31.

「而我在心裡竊笑。」見《奧德賽》第九卷。

32.
「他們會用不堪入耳的話詛咒美德。」見赫西俄德《工作與時日》。

33.
「只有瘋子才會在冬天時找無花果；在孩子註定找不回時尋找孩子，同樣是瘋子會做的事。」見愛比克泰德《語錄》第三卷。

34.
愛比克泰德說：「一個人親吻孩子的時候，要悄悄在心裡說：『或許你明天就會死了。』」這話很不吉利啊！「不，」愛比克泰德說：「凡是用來表達自然法則的語彙，都不能視為不祥之兆。否則討論採收穀穗的事，難道也是不祥之兆嗎？」見愛比克泰德《語錄》第三卷。

35.
「生葡萄、熟葡萄、乾葡萄，每個階段都是變化。變化並非化為烏有，而是進入前所未有的狀態。」見愛比克泰德《語錄》第三卷。

36. 「沒有人能奪走我們的自由意志。」見愛比克泰德《語錄》第三卷。

37. 愛比克泰德又說，人在表達贊同時必須建立一套原則；在行動時，既要參酌環境條件，也不能違背他人利益，更要了解行為具備的價值；人必須屏除所有欲望，也無需迴避不在個人掌控範圍內的事物。

38. 他還說：「我們在爭論的絕非小事，而是我們究竟要當瘋癲的人，還是理智的人。」

39. 蘇格拉底常問：理性動物的靈魂與不理性動物的靈魂，你想要哪個？——理性動物的靈魂。——怎樣的理性動物？健全的還是不健全的？——健全的。——那你為何不努力追求呢？——因為我們身上已經有了。——那你們為何還要爭執、互鬥？

---

① 律法是主宰萬物的秩序。

② 見索福克勒斯所著之《伊底帕斯王》。

③ 索梅茲認為應該解讀成「棍子」（σκαμβή），而非「刀子」（σκάλμη），因為希臘有句話說：「彎棍扶不直。」（σκαμβὸν ξύλον οὐδέποτ᾽ ὀρθόν.）

④ 與狼談交情，典出綿羊與狼的寓言故事。

⑤ 此處將原文 πρεσβύτερα 譯為「優先」（prior），而此字亦有「優於」（superior）之意。不過，安東尼努斯想說的應該是敬神是其他美德的源頭，即使是他認為能衍生其他美德的公義，也是源自於敬神的。古時所謂的公義，指的是給予每個人應得之份額，並不屬於法律概念，而是完全無法寫入法律的一種道德規範。此外，法律規範有時候合於道德，有時反而悖於道德；但規定就是得執行才有意義，要是空有規定卻無法執行，法律就形同虛設了。所謂的公義或公正的行為，其實就是一種遵循宇宙律法的行為。宇宙律法支配著我們的身體和理性，決定了我們的本性，也就是我們的內在組織；受其支配的我們，必須努力鑽研這條至高無上的律法。其實，真正主宰一切的是律法的意志。只要能遵循這股意志行動，我們就能行公義之事，接著負起我們應盡的職責。

⑥ 這則故事出自荷瑞斯的《諷刺集》第二卷。

⑦ 安東尼努斯可能搞錯了，因為根據其他作家的說法，邀請蘇格拉底為馬其頓效力的是帕迪卡斯的兒子亞基勞斯。

⑧ 蓋塔克認為應該把以弗所人（Ἐφεσίων）改成伊比鳩魯派人士（Ἐπικουρείων）。

第十二卷

時時自我觀察，反躬內省

不對的事，請你不要做；

不真的事，請你不要說。

我常覺得驚訝，
每個人明明愛自己甚於愛別人，
卻總是把別人的想法看得比自己的想法重。

1.

你以為必須繞路才能獲得的東西，是可以馬上擁有的，只要你不會排斥；也就是說，只要你能拋開過去，將未來託付給上天，並以虔敬、公正的態度活在當下即可。虔敬的心，能讓你接受命運的安排，因為宇宙自然將命運託付給你，也將你託付給命運。公正的心，能讓你言明真理而不遮掩，從心所欲而不踰矩，所作所為與事物本身的價值相稱。不要為他人的惡意、評價或話語所囿，也不要被自己的軀體感受絆住，就讓受影響的部分獨自去應付。在離世之際，你如果能全心崇敬理性與內在神性，置他物於度外，不怕生命將盡，只怕從未按本性而活；那麼，你便對得起孕育你的上蒼，不會成為家鄉裡的異客，不會視日常為意外而大驚小怪，更不會輕易被事物左右。

2.

神能看透人的外殼，直視包覆於一片混濁內的心靈，也就是理性主宰力量。神單靠自己的智慧，就能觸碰到人類體內的智慧，而人的智慧正是自神的智慧流淌、脫胎而出的。如果你學會這麼做，就能消除許多煩惱。因為不在乎軀殼的人，肯定不會為了穿著、住所、名聲等表面工夫操心。

3.

你是由三樣事物組成的，即肉體、生命氣息、理智。前兩項是屬於你的，因為你的職責就是照料它們；但認真說起來，只有第三項是真正屬於你的。因此，如果你能拋下別人所說所做的一切、你自己做過或說過的一切、未來可能困擾你的一切、軀殼裡的一切、附於肉身且不由你掌控的生命氣息裡的一切、被外在世界的渦流環繞的一切，將這些事物掃出你的理智之外，讓你的理性不受命運左右，過得純潔自在，並且做公正的事、接納所有際遇、口吐真言——我再重複一次，如果你能將藉由感受附於肉體的一切、未來及過往的一切全都掃出理智之外，讓自己成為恩培多克勒斯球體，即「渾圓而安適之球體」，如果你能努力活出自己的人生，也就是活在當下——那麼，你的餘生就能過得寧靜而高尚，讓一切順著內在神性發展。

4.

我常覺得驚訝，每個人明明愛自己甚於愛別人，卻總是把別人的想法看得比自己的想法重。如果某位神或睿智導師現身在某個人面前，命令他不准想著無法說出口的念頭，這個人肯定連一天也撐不下去。由此可見，我們太在乎別人的看法，卻不夠重視自己的看法。

5.

眾神如此仁慈，替人類打點了一切，為何唯獨沒注意到，某些與神靈密切交流、虔心禮神的好人，死後卻只能化無烏有，完全不復存在？

如果此事屬實，你大可相信，即使事情不應如此，眾神也會另作安排。因為事情只要合理，就是可行的；事情只要合於自然之道，宇宙也會如此安排。然而，事情既然並非如此，如果實際上並非如此，你大可相信，事情絕對不應是如此。你自己也明白，這些質問等於是在與神爭論，可是我們不應該與眾神爭論，即使祂們並非十全十美、公正不阿。但即便此事屬實，祂們也不會違反公義與理性之道，讓任何事物兀自存在井然有序的宇宙當中，而自己卻置之不理。

6.

成功機會看似渺茫的事，還是要動手操作。因為，即使是效率低落的非慣用左手，握起轠繩都比右手更有力，此乃熟練之故。

7.

試著想像人死之際的身心狀態，再想想人生的短暫、過去與未來時間的無垠深淵，以及所有物質的脆弱易逝。

8.

思索事物除去外殼後的因果關係，以及行動的目的；思考痛苦、快樂、死亡、名聲為何物，以及惹人心煩的始作俑者。同時想想，人從來不會受他人所礙，而且萬事皆念頭。

9.

在實踐原則時，你應該像是一位徒手搏鬥者，而非競技場裡的角鬥士。角鬥士會在武器落地之後喪命，但徒手搏鬥者卻不需要別的武器，只需要靠雙手戰鬥就好。

10. 仔細觀察事物的內涵，分析其物質、成因、目的。

11. 人有辦法只做神允許的事，同時接納神所賜的一切。人的這股力量是多麼強大啊！

12. 不要為了自然發生的一切而責怪眾神，因為祂們從未犯下任何故意或無心的過錯；也不應怪罪任何人，因為他們頂多犯下無心之過。因此，我們誰都不需要責怪。

13. 對各種人生遭遇感到驚訝的人，還真是荒唐可笑！

14.

或許是無可避免的宿命，或許是上天良善的旨意，或許是漫無目的、毫無章法的渾沌。如果有無可避免的宿命，你又何必抗拒？如果有願意垂聽的天意，請你讓自己值得蒙受上蒼眷顧。如果是毫無章法的渾沌，你應該感到慶幸，在風浪當中你還能保有理性主宰力量。如果你被風浪捲走了，就任其捲走你的肉體、生命氣息吧，至少，你的理性主宰力量是不會動搖的。

15.

燈火在熄滅之前，是不是會不斷放出光芒？既然如此，難道你內心的真理、正道與節制，在你死前就消失了嗎？

16.

如果你覺得某人犯了錯，請對自己說：「我要怎麼確定他真的有錯？」如果他真的有錯，請你問問自己：「他自責過了嗎？」但要人自責，跟要人自毀容貌差不多。請想一想，期待惡人不做壞事，就跟期待無花果樹的果實沒有汁液、期待嬰兒不哭鬧、期待馬不嘶鳴、期待各種必然發生的事不發生沒兩樣。這種人不做這種事又能如何？如果你會被激怒，就去矯正對方的性格。①

17.
不對的事，請你不要做；不真的事，請你不要說。

18.
仔細觀察你看見的每一樣事物，分析其成因、物質、目的，以及再過多久就會消失。

19.
最後，請你體察一下：除了讓情緒像操線木偶一樣被扯動，你心裡其實有更美好、神聖的一面。你現在感覺到了什麼？恐懼？懷疑？慾望？還是其他感受？

20.
首先，行動前務必深思熟慮，目標明確。其次，你的行動必須符合公眾利益。

21.

你很快就會化為烏有，無影無蹤了。同樣地，你眼前的事物、你身邊的人，很快就會不復存在。萬物生來就是要變化、變形、消亡的，其他事物才能接續而生。

22.

一切都是你的主觀念頭，念頭是由你控制的。你願意的話，就消除你的念頭吧，好比水手駕船拐過岬角，立刻就能獲得安寧，進入風平浪靜的港灣。

23.

無論什麼樣的行為，只要適時停止了，就不會因停止而招來禍端；行為人只要適時收手，就不會因收手而惹禍上身。我們的人生亦然，全部的行為只要適時終止，就不會因終止而招來禍端；行為人只要適時結束這些行為，就不會惹禍上身。何謂適時，何謂終點，一般是由宇宙本性決定的；雖然有時取決於人的本性，例如遲暮之年，但真正主宰的還是宇宙本性。其內部組織不斷變化，使宇宙永遠生生不息，圓滿美好。凡有益於宇宙的事物，必然美好且切合時宜。因此，生命終結對個人既非災禍，亦不可恥，因為這件事不受意志掌控，也無礙於公眾利益；事實上，生命終結是件好事，因為這事不但切合時宜、對宇宙有益，又符合宇宙規律。凡與神同道之人，必然能受神牽引，其思想便能與神意齊頭並進。

24.

以下三個念頭，請你時時放在心上：第一，你無論做什麼事，都要慎思明辨，不可違背正道；要知道，一切外界遭遇都是機遇或上天的安排，你不應該責怪機遇或上天不公。第二，想想生命體如何由胚胎成長乃至於被注入靈魂，又如何將靈魂交還天地；再想想生命體的組成成分、最後會分解成什麼。第三，如果你突然離地升空，能夠俯瞰世間的繽紛多采，又能環顧空中熙熙攘攘的生命體，這時請你想想，無論你升空多少次，都會看到同樣的景象，萬物永屬同一種樣態、轉瞬即逝。這些事物真的值得誇耀嗎？

25.

拋開你的念頭吧！這樣你就能獲得救贖了。請問，有人阻止你這麼做嗎？

26.

你會為事心煩，就表示你忘了，一切都是按宇宙之道發生的；你忘了，別人的錯誤與你無關；還有，現在發生的事過去如此，未來亦會如此，而且隨處皆如此；你還忘了，一個人和全人類的關係多麼密切，並非因為血脈相通，而是因為理智相通；你忘了，每個人的理智都具有神性，因為是從神的身上溢出的；你忘了，沒有一樣事物是屬於人的，無論是兒女、身體、靈魂，都是神明所賜；你忘了，一切都是你的主觀念頭；最後，你忘了，每個人能活的只有當下，能失去的也只有當下。

27.

多想想那些滿腔怨怒的人，想想那些因名望、苦難、敵意或各種機運而出眾的人。再問問你自己，這些人都到哪裡去了？不是化為煙塵、成為傳說，就是名不見經傳了。請你隨時想想鄉間的法比烏斯・卡特林努斯、花園裡的路齊烏斯・盧普斯、巴亞的史特堤紐斯、卡布里島的泰貝提烏斯、韋利亞的維柳斯・魯福斯；再想想，我們的渴望總是伴隨著自負②；想想看，人類死命追求的一切，根本毫無價值可言；再想想，一個人在經驗範圍之內，如果能秉持樸實態度，當個公正、節制、虔敬眾神的人，不是更像個哲學家嗎？假裝謙虛的自負，是最令人無法忍受的。

28.

有些人會問，你什麼時候看過眾神？你又要如何理解眾神的存在，以便敬拜他們？我的回答是，首先，人其實可以親眼看見眾神③；其次，雖然我從未親眼看過自己的靈魂，但我依然敬重它。至於眾神，我經常感受到祂們的力量，也因此能理解祂們的存在，並且崇敬祂們。

29.

想要保全性命，就要檢視萬物的本質、物質面及形式面，並且全心全意行正事、說真話。除了毫不間斷完成一件又一件善事，讓自己享受生命，我們夫復何求？

30.

共同的陽光是有的，只是被牆壁、山岳以及各種事物阻擋了。共同實質是有的，只是散成了無數個個體與各種特徵。共同靈魂是有的，只是散成了無數本性與無數邊界或個體。共同的理性靈魂是有的，只是看起來分裂了。上述事物之外的其他部分，譬如生命氣息與物質，是既無感受也互無牽連的。不過，這些部分被理智統合了起來，還被地心引力拉往同一個方向。至於心靈，則偏好與同類親近結合，這種合群精神是無法抹煞的。

31.

你盼望什麼？繼續活著嗎？還是盼望自己能感受、能有欲望？盼望自己能茁壯，接著又停止生長？還是盼望自己能說話、思考？這些事物真的值得你盼望嗎？如果這些事物全都不值一顧，你就只好遵循理性、追隨上天了。擔心死後會失去一切，和遵循理性與神意是矛盾的。

32.

在無邊無際的時間當中，每個人分到的部分還真是渺小！這部分很快就會消失在永恆之中了！在整體當中，這部分真是渺小！在宇宙靈魂當中，這部分真是渺小！在整個世界上，你爬行的範圍多麼渺小！有了這些概念，你眼前的萬事萬物就無足輕重了，除了按照你的本性行事，以及接受共同本性賜給你的一切。

33.

試問，理性力量有何作用？因為這是一切的關鍵。至於其他事物，無論是否由你掌控，都只是煙塵而已。

34.

以下這個念頭，最有助我們蔑視死亡：那些認為享樂是好事、受苦是壞事的人，同樣蔑視死亡。

35.

只欣賞適時到來之物，並按理性行事，而不在乎做得多或少，更不在乎探索世界的時間長或短——這樣的人，是不會害怕死亡的。

36.

老兄，你已經是這座大城邦（即全世界）裡的公民了，所以活上五年或三年，對你有何差別？在法律面前，每人都是平等的。如果把你趕出城邦的不是暴君、不是不公正的裁判，而是使你棲身城邦的自然，就不算是件痛苦的事了吧？就好比地方長官雇了演員演戲，也能逼對方離開舞台。你說：「這齣劇有五幕呢，我才演了三幕。」話是沒錯，但光這三幕的戲，就能算是一整齣人生大戲了。戲劇結束了沒，是由最初的編劇與宣布散戲的人決定的。這些都不是你的工作。所以，請開開心心離場吧，要你走的人也會覺得開心的。

---

① 譯者通常將 γοργός 翻譯為「銳不可當」、「老練」。但在愛比克泰德的《語錄》當中，這個字卻是作「性格猛烈」、「易怒」、「脾氣差」解釋。

② 可參照愛比克泰德在《語錄》中提到的「剛愎自用的起因（μετ᾽ οἰήσεως. Οἴησις καὶ τῦφος）」。

③ 有人認為，我們可以從斯多噶主義的觀點來解釋這句話：宇宙就是某個神或生命體的化身，而天體就是眾神的化身。但安東尼努斯想說的可能是，我們之所以知道神存在，是因為我們能看見神的作為（他自己後來也提過這件事）；我們之所以知道人有理性力量，是因為我們能看見這股力量產生的結果，而這也是唯一能了解這件事的方法。

附錄

英譯者／喬治・朗（George Long）

馬可斯・奧理略・安東尼努斯小傳

西元一二一年四月二十六日，馬可斯・安東尼努斯生於羅馬。他的父親安尼烏斯・維魯斯是位死於任內的副執政官，母親是多蜜希亞・卡爾薇拉。皇帝提圖斯・安東尼努斯・皮烏斯迎娶安尼烏斯・維魯斯的妹妹安妮雅・蓋勒莉亞・佛斯蒂娜，成了馬可斯的姑丈。前任皇帝哈德良收養了皮烏斯，並宣布養子為帝國繼任者，與此同時，皮烏斯也收養了兩個兒子，一個是埃利烏斯・凱撒的兒子盧齊烏斯・凱歐尼烏斯・康莫多斯，另一個就是馬可斯。馬可斯原姓安尼烏斯・維魯斯，後來改姓埃利烏斯・奧理略・維魯斯，西元一三九年時，又多冠了凱撒頭銜；其中，埃利烏斯是哈德良家族的姓氏，奧理略則是皮烏斯的姓氏。馬可斯成為奧古斯都（即羅馬皇帝）之後，又將維魯斯這個姓氏改成了安東尼努斯。大家於是稱他為馬可斯・奧理略・安東尼努斯，或簡稱馬可斯・安東尼努斯。

安東尼努斯年少時，在眾人的呵護下長大。他曾在記述中，感謝眾神讓他能擁有和藹的家人、良師益友，以及生命中大部分的美好事物。他有幸目睹他的叔父兼養父皮烏斯立下的典範，並用文字記錄了這位明君的種種美德。他和很多羅馬人一樣，年輕時既學詩，又鑽研修辭，修辭學師承希羅德斯・阿提古斯及科奈利烏斯・弗龍托。根據現存的弗龍托與安東尼努斯的通信記錄，我們不難看出安東尼努斯非常敬愛老師，而老師也對這位高徒寄予厚望。安東尼努斯曾經提到，弗龍托是對他有教化之恩的貴人之一。

十一歲那年，安東尼努斯換上了粗糙素樸的哲學家外衣，當起了孜孜不倦的學生，同時過著儉約自制的生活，甚至到了有損健康的地步。最後，他決定放下詩歌和修辭學，轉而投入斯多噶哲學的懷抱，不過他並沒有棄學習法律於不顧，這對他日後執掌大權起了相當的助益。他的法律老師沃倫夏努斯・麥奇安努斯是位傑出的法學家。安東尼努斯也肯定鑽研過羅馬軍紀，畢竟對於日後要率軍迎擊好戰民族的他來說，羅馬軍紀是不可不知的。

安東尼努斯在《沉思錄》第一卷中，羅列各個老師的名字，也表達了自己對每位老師的感激之心。如果我們不細心觀察他的敘述方式，很容易就會認為他大談師長的教誨只是為了炫耀自誇，但這種想法完全是大錯特錯。事實上，這些內容都是安東尼努斯為了感念老師的春風化雨之恩，表達師長的教誨如何影響和啟發學生。再說，這一卷的內容和其他十一卷一樣，純粹是安東尼努斯寫給自己看的。假設第一卷末尾的註腳可信，這卷正是安東尼努斯在和夸迪人作戰時寫成的。在戰場上懷想師長的豐功偉業和美德，剛好能提醒自己曾經學過了哪些知識，並且思索如何實踐所學。

安東尼努斯有好幾位哲學老師，其中一位是卡羅尼亞的塞克圖斯，即普魯塔克的孫子。在《沉思錄》裡，安東尼努斯明白表示這位良師對自己產生了哪些影響。他最愛的老師則是尤尼烏斯・魯斯迪古斯，這位哲學家也是擅長處理公共事務的人才。安東尼努斯繼任羅馬皇帝之後，魯斯迪古斯擔任他的顧問。年紀輕輕便坐擁大位的人，同伴運和師長運通常都不算太好，就我所知，世上還真沒半個王儲能像安東尼努斯一樣，在少年時期就接受到這麼優秀的教育。這支具備傑出學識和風骨的良師團隊，後人即使想複製也複製不來，就連能媲美安東尼努斯的出色學生也後繼無人。

哈德良卒於西元一三八年七月，皇位由皮烏斯繼任。後來，安東尼努斯與自己的堂妹、皮烏斯的女兒佛斯蒂娜成婚，成婚時間或許是西元一四六年，因為他的女兒誕生於西元一四七年。安東尼努斯繼承了養父的凱撒頭銜，更與養父攜手共治羅馬、共同生活，慢慢發展出了互友互信的完美默契。作兒子的安東尼努斯非常孝順父親，而皇帝皮烏斯也對兒子愛護、尊重有加。

皮烏斯卒於西元一六一年三月。據說，元老院拼命勸說安東尼努斯獨攬帝國治權，但安東尼努斯仍然決定和皮烏斯的另一個養子聯合執政，也就是盧齊烏斯・凱歐尼烏斯・康莫多斯，一般人稱他為盧齊烏斯・維魯斯。於是，羅馬同時有了兩位皇帝，這是史上頭一遭。維魯斯的個性好逸惡勞，配不上皇帝職位，但安東尼努斯依然百般包容維魯斯。據說，維魯斯也頗為識相，十分敬重他這位人格不凡的皇帝同事。就這樣，擁有高尚情操的皇帝安東尼努斯和他懶散的隊友維魯斯過著相安無事的生活，安東尼努斯更將自己的女兒露齊拉許配給維魯斯，使兩人的關係更加堅定穩固。

安東尼努斯政權面臨的第一個挑戰，就是帕提亞戰爭。在這場戰役當中，奉命擔任總指揮的維魯斯根本毫無作為，羅馬軍隊在亞美尼亞、幼發拉底河與底格里斯河地區的勝仗，全都是維魯斯麾下將軍的功勞。西元一六五年，帕提亞戰爭正式告一段落；西元一六六年，安東尼努斯和維魯斯發動的東方地區戰役也連連告捷。不過，一場瘟疫卻在這時席捲了羅馬、義大利和西歐地區，奪去了無數人的性命。

同一時間，在阿爾卑斯山另一側的異族也不斷翻山越嶺，一路由高盧邊境至亞德里亞海東側，進犯義大利北部地區。這些異族一心想攻破義大利的防線，使得安東尼努斯後半輩子都忙著驅逐外侮，能喘息的時間並不多。西元一六九年，維魯斯猝然離世之後，安東尼努斯展開了獨自治國的生涯。

在和日耳曼大軍作戰期間，安東尼努斯在多瑙河畔的卡努頓駐紮了三年，將馬科曼尼人驅離潘諾尼亞地區，敵軍在撤離多瑙河途中還差點全軍覆沒。西元一七四年，皇帝安東尼努斯擊垮了夸迪人，締造了不凡的勝績。

西元一七五年，驍勇善戰的羅馬將領阿維迪烏斯・卡西烏斯在率軍進攻亞洲時發動叛變，自封為奧古斯都，但他後來遭到部下暗殺，也使叛變行動就此落幕。不過，安東尼努斯在處置卡西烏斯的家人和黨羽時，依舊展現了人性的溫暖。在他寫給元老院的信函裡，我們也能看見他願意寬恕對方的胸襟。

當安東尼努斯收到卡西烏斯叛變的消息，就一路朝東方地區前進。他先是在西元一七四年回到了羅馬，接著又率軍出征攻打日耳曼人，他很可能是在和日耳曼人作戰途中，直接赴東方鎮壓叛軍。安東尼努斯揮軍前往亞洲時，妻子佛斯蒂娜也陪在身邊，只是她卻在陶魯斯山下突然離世，讓安東尼努斯痛不欲生。替安東尼努斯作傳的卡皮托里努斯和狄翁・卡西烏斯，都一口咬定皇后曾紅杏出牆，對丈夫極為不忠；卡皮托里努斯還認為，安東尼努斯要不是被蒙在鼓裡，就是對妻子的行為睜一隻眼、閉一隻眼。不管在哪個時代，這類惡意指控都無所不在，而在羅馬帝國的歷史中更俯拾皆是。安東尼努斯深愛妻子，在他眼中，妻子是位「溫順、熱情、樸實」的女子。這樁醜聞還延燒到佛斯蒂娜的母親，也就是皮烏斯的妻子身上，只是皮烏斯同樣對妻子毫無怨言。當妻子過世後，皮烏斯曾經寫信給弗龍托，表示自己寧願和妻子一同被放逐，也不想孤身一人待在羅馬的宮殿裡。天底下除了這兩位皇帝，大概沒有男人能把妻子描述得如此完美無瑕了。卡皮托里努斯是在皇帝戴克里先的時代替安東尼努斯寫傳的，他雖然有意忠實記載史實，但終究還是位不牢靠的二流傳記作家。狄翁・卡西烏斯則是以惡毒聞名的歷史學者，他總是搖著筆桿揭人瘡疤，或許他也真心認為自己筆下的醜聞全都是事實。

西元一七六年十二月二十三日，安東尼努斯與兒子康莫多斯由戰場凱旋返回羅馬，他們當時擊敗的對象應該是日耳曼人。隔年，即西元一七七年，康莫多斯開始和父親聯合治理羅馬帝國，並受封為奧古斯都。

安東尼努斯東征之際，北方邊界依然烽火連天，導致他回羅馬後沒多久，又要重返戰場對抗異族。西元一七九年，日耳曼人在某場大戰中遭羅馬軍擊潰，但皇帝卻在戰事期間染上疾病，最後死於下潘諾尼亞地區薩維河畔的希爾米姆營區。不過，也有其他權威學者則指出，安東尼努斯是在西元一八〇年三月十七日死於維也納，享年五十九歲。皇帝病逝時，兒子康莫多斯正好陪在身邊。眾人將皇帝的遺體或骨灰迎回羅馬，並將逝世的君王奉為神祇崇拜。財力足夠的人，會在家裡擺放安東尼努斯的全身或半身雕像。在卡皮托里努斯替安東尼努斯寫傳的年代，還有許多人會同時供奉安東尼努斯像和其他神明。康莫多斯則在羅馬的圓柱廣場上替父親立了紀念圓柱，圓柱上刻著排列成螺紋的淺浮雕，用來紀念安東尼努斯戰勝馬科曼尼人和夸迪人的事蹟，以及替羅馬士兵重振士氣、大挫敵軍銳氣的那場奇蹟之雨。根據故事內容，西元一七四年時，羅馬對抗夸迪人，此時羅馬軍隊面臨了渴死的危機，但一場傾盆大雨突然降了下來，落在敵軍頭上的更是火焰和冰雹，幫助羅馬軍隊大獲全勝。凡是談起這場戰役的權威學者，沒有不提到這個奇蹟事件的。

皇帝安東尼努斯寫下的《反省錄》，也就是現在通稱的《沉思錄》，確實是部真誠之作。他在第一卷中談到自己、家人以及師長，在其他卷中也談了自己。《蘇達辭書》中提到，安東尼努斯著有一部十二卷的著作，還幫這部著作加上「個人生命準則」的標題。在《蘇達辭書》中，某些條目引用了安東尼努斯書中的句子，同時標注了皇帝的名字，但並未提到書名；至於另外幾段引用的段落，也沒有標上皇帝的名字，使得這部作品的真正標題依舊是個未知。一五五八年，德國學者齊蘭德首先在蘇黎世出版了這部作品。齊蘭德出版的是拉丁文版本，內容主要根據某份包含完整十二卷的手稿，只是這份手稿至今下落不明。現存的唯一一份完整手稿存放在梵諦岡圖書館內，但這份手稿沒有注明標題，好幾卷也都缺了作者簽名，只有第十一卷保留了Μάρκου αὐτοκράτορος這個簽名，旁邊打了個星號。至於梵諦岡收藏的其他手稿，或是佛羅倫斯收藏的三份手稿，內容都不完整。不過，這些斷簡殘編的標題，和齊蘭德版附上的標題相當接近，後來編書的人也一概沿用同樣的標題。替全書分卷的究竟是安東尼努斯，還是另有其人，我們目前不得而知。假設第一卷和第二卷末的簽名真實無偽，那分卷的人就是作者本人了。

只要遇上特定情境，皇帝安東尼努斯就會寫下內心的想法或省思，這點是毫無疑問的。既然這些文字是他寫給自己看的，那由他親筆寫下的完整手稿應該存在過才對；他畢竟是個勤奮的人，實在不太可能請人代筆抄寫自省文字，更不用說要把自己最私密的想法攤在別人眼前。他也可能希望自己的兒子康莫多斯閱讀這部作品，可惜康莫多斯對父親的哲思一點興趣都沒有。有一些仔細的人把這批珍貴的稿件保留了下來，到了後來，諸多作家都提到了安東尼努斯的這部作品。

許多評論家都費心替安東尼努斯的作品做了註解，最完整的註釋版本是一六五二年湯瑪斯・蓋塔克的四開本。一六九七年，蓋塔克出了第二版四開本，由喬治・史坦霍普擔任主編。一七〇四年也出過另一個版本。蓋塔克對原稿做了很多精闢的修正，還翻譯出拉丁文新譯本，雖然新譯本的文筆稱不上優秀，但至少保留了原文的要旨，甚至比近代的某些譯本還要清晰易懂。他也在每段兩側的空白處加上對應的參考文獻，還寫了一篇個人評論，堪稱是史上針對古典作家最全面的分析。這篇評論包括了編者對於書中晦澀段落的解釋，以及擷取自眾希臘、羅馬作家的引文，作為本文的註腳。蓋塔克嘔心瀝血的成果確實斐然，以前從來沒有英國人像他一樣認真。希臘文版本曾經於一八〇二年由萊比錫的舒茲編輯為八開本；到了一八一六年，巴黎的希臘學者艾達曼提努斯也將此版本編輯為八開本。一八二一年，陶赫尼茲出版社重新出了舒茲的版本。

這本書我已經讀了很多年，後來，我也抽空把內容翻譯出來。我用來翻譯的原文是希臘文，但我不會只參考一本書，而是偶爾拿其他的譯本和我自己的比較。這個譯本純粹是翻給我自己看的，因為我覺得這本書值得翻譯；不過我想，其他人或許也會覺得我的譯本很實用，所以我決定將譯本送印。原著本身已經深奧難解，要翻譯更是難如登天，出錯自然在所難免。但我相信，我的翻譯沒有偏離原文的要旨，如果有人費心拿原文對照我的譯文，就算他們不同意我的譯法，應該也不至於立刻說我翻錯了。乍看之下，譯文有些段落可能所指不明，但重點其實都表達出來了。我自己的讀法和其他譯者有所出入，有時候我覺得出錯的是他們，有時候我可以確定錯的一定是他們。照理來說，我可以採取簡明流暢的風格來翻譯，但我還是選了比較冷硬的表達方式，畢竟原文的風格就是如此。有時候，我的譯文會顯得晦澀不明，不過這純粹是忠實反映希臘文原文的晦澀罷了。雖然我提供的譯法可能不盡理想，但我確實盡力了。

我最近一次看到的斯多噶哲學討論，是辛普利修斯替愛比克泰德的《手冊》做的評註。從芝諾到辛普利修斯，在這大約九百年的時間跨度內，斯多噶哲學滋養了許多大人物的人格和心靈，可惜後來依然銷聲匿跡，直到一些義大利的書信文獻出土之後，這個學派才又重見天日。安哲羅・波里齊亞諾發現了兩份愛比克泰德《手冊》的模糊殘稿，於是把手稿翻譯成拉丁文，獻給保護文獻的偉大人物羅倫佐・迪・梅迪奇。當初，波里齊亞諾就是在這位大人物的收藏品裡發現手稿的。西元一五三一年，他翻譯的《手冊》在巴塞爾首次送印出版。波里齊亞諾認為，《手冊》的內容很適合羅倫佐的個性，能夠在他陷入逆境時提供指引。

愛比克泰德和安東尼努斯的作品送印出版後，累積了眾多讀者。安東尼努斯這本輕薄的著作，一直都是某些大人物的隨身讀物。著名探險家約翰・史密斯年輕時，最常讀的兩本書就是馬基維利的《戰爭技藝》以及安東尼努斯的《沉思錄》，也沒有其他書籍比這兩本更適合鍛鍊戰技和德行了。出身英格蘭的史密斯在家鄉籍籍無名，在美洲卻是大英雄，他有著不凡的英雄氣概、卓越的軍事成就，但更可貴的是他高潔的性格。普通人總認為人的偉大來自財富或地位，但實際上不然；一個人偉不偉大也和智力程度無關，因為許多聰明人不是性格卑劣、對權貴逢迎諂媚，就是瞧不起貧窮弱勢的人。人的偉大取決於自己是否能真誠處世，而想要真誠處世，就要具備不偏不倚的自我與世界觀，還要時時反躬自省、堅守正道，更要像皇帝安東尼努斯說的，不要擔心別人的觀感或評論，也不要在乎別人採取的行動和自己是否一致，只要照顧好自己的思維和言行就夠了。

馬可斯・奧理略・安東尼努斯的哲學思想

一般認為，斯多噶哲學從希臘傳入羅馬時，學說的價值才真正展現出來。這支由芝諾及其門人建立的哲學學派，對重視品格、態度又務實的羅馬人而言，完全符合當時的需求。在羅馬共和時期，還出現了終生奉行、推廣斯多噶主義，甚至因斯多噶理念而死的小加圖，堪稱斯多噶哲學模範。西塞羅認為，小加圖打從心底認同斯多噶哲學，但他的目的不是要像許多人一樣唱高調，而是為了將斯多噶理念落實在生活當中。在奧古斯都駕崩、圖密善皇帝遭暗殺之後，羅馬陷入了一片愁雲慘霧，對許多歷經帝國暴政及腐敗制度的傳統宗教信徒來說，唯一有助於撫平痛苦、提供心靈支柱的，就只剩斯多噶哲學了。後來，羅馬出現了許多心靈高潔的人，他們一方面秉持良知，另一方面深知人的存在價值，因此能以勇敢堅毅的態度處世，例如帕埃圖斯・特拉塞亞、赫爾維狄烏斯・普利斯庫斯、科努圖斯、穆索尼烏斯・魯福斯[①]，以及詩人佩西烏斯、尤維納爾，他們都是語言表達鏗鏘有力、思想剛健的人，對我們這個時代的啟發絕對不下於當代。佩西烏斯卒於尼祿的血腥統治，尤維納爾則在圖密善的暴政下僥倖存活。尤維納爾提出的精闢見解，大多脫胎於斯多噶哲學，他還使用數一數二鮮活的拉丁文，將這些見解包裝在精緻的文句當中，讓內容顯得更加出色。

到後來，推廣斯多噶哲學最不遺餘力的兩個人，是一名希臘奴隸以及一位羅馬皇帝。出身希臘佛里幾亞地區的愛比克泰德，是名不知如何就被送到羅馬的奴隸，服侍名叫以巴弗提的主人；以巴弗提是名獲得解放的奴隸，也是尼祿的寵臣。但由於以巴弗提行為失當，不配擔任奴隸主，讓愛比克泰德獲得解放。愛比克泰德還是奴隸的時候，可能曾經聽過穆索尼烏斯・魯福斯講課，不過他傳道授業的生涯，多半是在他獲得自由之身後才展開的。圖密善曾下令將一批哲學家逐出羅馬，愛比克泰德便是其中一人。卸下授業者身分後，他前往伊庇魯斯的尼科波里斯生活，似乎也在當地度過餘生。他跟許多大導師一樣，從來沒親自撰寫過著作，多虧其忠實門生亞里安的彙整記錄，我們今天才能讀到愛比克泰德的《語錄》。亞里安一共整理出了八卷《語錄》，但流傳至今的只有四卷及一部分斷簡殘編。亞里安還彙整出《手冊》這部小書，裡頭記錄了愛比克泰德的中心思想。查士丁尼大帝時期的辛普利修斯曾替《手冊》做過精闢註釋。

在《沉思錄》第一卷中，安東尼努斯對師長們表達了感激之意，表示他能接觸到愛比克泰德的《語錄》，都是魯斯迪古斯的功勞。安東尼努斯也在《沉思錄》其他篇章（第四卷、第十一卷）中多次提及愛比克泰德。我們確實可以發現，愛比克泰德及安東尼努斯的中心思想完全一致，而後者的書寫風格及哲思鋪陳，顯然都效法了前者。不過，兩人討論斯多噶哲學的方式其實南轅北轍。愛比克泰德習慣開班授課，以平易近人的方式將想法直接傳達給聽眾；相反地，安東尼努斯寫下《沉思錄》時，心中設定的讀者只有自己，而且整本書的各個段落彼此無甚相關，也經常出現晦澀難懂的敘述。

斯多噶主義將哲學劃分為三個子領域，分別為物理學、倫理學及邏輯辯證學（參考本書第八卷）。第歐根尼斯指出，這三個哲學子領域是由西堤翁的芝諾（即斯多噶哲學創始人）以及克律西普斯所提出。至於子領域之間的優先次序，兩人都認為邏輯辯證學居首，其次為物理學，最後才是倫理學。不過，按照西塞羅的說法，這樣的分法應該在芝諾之前的時代就出現了，柏拉圖也認同這樣的分類。此處的邏輯辯證學所討論的，並非今日常用的、狹義上的邏輯。

斯多噶主義者克里安西斯將這三個子領域細分為六個子領域，包括辯證學、修辭學（前兩者皆屬於邏輯辯證學範疇）、倫理學、政治學、物理學及神學。區分子領域的目的在於方便實踐，但萬法歸宗，依然不脫哲學這個整體。其實，對最早的斯多噶主義者來說，邏輯或辯證只是用來處理其他哲學領域的工具，這和柏拉圖的想法是不太一樣的。要梳理早期斯多噶哲學跟後來調整過的概念，得寫上一整本書才講得清，我在此處的用意，純粹是為了解釋安東尼努斯的文字，同時也是他自己在《沉思錄》中提過的說法。

按照克里安西斯的領域分類，當人能了解神或掌握宇宙規律，就能將物理學（研究自然事物的學問）和神學（研究神的學問）歸為同一類。表面上，安東尼努斯沒有採用這些分類方式思考哲學，至少在本書中並不明顯，但其實這樣的概念已經滲透入字裡行間了。

克里安西斯也認為倫理學（研究道德原則的學問）及政治學（研究公民社會內部組織的學問）彼此相近。他將倫理學分為兩個子領域，包括狹義上的倫理學及政治學，這種分類法確實非常精準，因為兩者息息相關，內涵又截然不同，如果不仔細區分兩者的差異，很多問題就無法獲得充分討論。在本書中，安東尼努斯並未討論政治學，而是聚焦於討論倫理學本身，以及思索自己身為一個人和政治首長，如何透過行為實踐倫理學知識。他個人抱持的倫理學，基本上源於他對人性、宇宙自然、個人與外在世界關係的觀點。在此情況下，倫理學和研究自然事物的物理學、研究神的神學便密不可分。安東尼努斯認為，每個人都應該仔細檢視自己面對萬事萬物時產生的心像，對其做出精準判斷，並歸納出持平公正的個人觀點，同時考察各個詞語的涵義，甚至得努力實踐辯證學知識。不過，他在書中絲毫未論及辯證學，基本上，他的哲學討論都是從道德及務實角度切入的。他在第八卷表示：「可能的話，每當靈魂深處浮現出任何心像[2]，就要不斷實踐物理學、倫理學及辯證學的原則[3]。」換言之，他想告訴每個人，要窮盡各種手段檢視內在心像。在第三卷，他表示：「除以上各種建議之外，我還想補充另一件事：凡是出現在你眼前的任何事物，你都必須加以定義或描述，才能透徹、全面地掌握其本質。同時，你必須知道該事物的名稱，了解其組成成分包括什麼、本身會分解成什麼。」這種檢視事物的手段，已經蘊含了辯證學的精神，也是安東尼努斯用來組織個人物理學、神學及倫理學原則的方式。

在安東尼努斯的《沉思錄》當中，包含了一些關於物理學、神學及倫理學原則的論述，比我曾讀過的論述還豐富。只不過，要推廣安東尼努斯的哲學思想並不容易。究其原因，除原文結構零散、許多段落彼此不連貫、文字內容曾遭後人改動、書寫風格晦澀難懂、作者某些想法不甚清晰等因素外，更因為這位羅馬皇帝偶爾會自相矛盾，讓人有作者思考體系不穩固、內心搖擺不定之感。其實，一個能在家內家外過著寧靜生活、時常反思自省，不沾染塵世俗務的人，思緒或許可以維持平穩狀態，但也沒機會接受外界的考驗。假設一個人經歷過人情冷暖，他提倡的所有倫理哲學及消極德性觀點，都有可能會淪為空談。沒拚命、吃苦過的人，即使寫出精美的概念及道德論述，或許有辦法吸引到讀者，但最後仍然會被世人遺忘。道德導師自己如果從未當過門徒，從未決心成為烈士，他們所提倡的思想便無甚可觀。安東尼努斯表示：「理性社會生物的善性或惡性，在消極無為時不會顯現，而是在積極作為時才會展現。正如其美德或惡念不會在消極無為時顯現，而是在積極作為時才會展現。」（見第九卷）皇帝安東尼努斯是實用道德主義者，自年輕時起便接受嚴格訓練，即使登基稱帝非己所願，更無餘裕擔心害怕，他依然能過著簡樸自制的生活，可謂史上最貧窮的哲學家。愛比克泰德同樣清心寡欲，據說，他需要的東西一向不多，而且相當知足，跟他當奴隸時一模一樣！但和愛比克泰德不同的是，安東尼努斯登基後總是活在動盪之中。羅馬帝國的疆域自幼發拉底河一路延伸至大西洋，自天寒地凍的蘇格蘭山區延伸至酷熱的非洲沙漠，面對如此遼闊的領土，安東尼努斯必須一肩扛起統治責任。雖然我們無法親身體驗治理龐大帝國的滋味，但可以想見，安東尼努斯經歷過多少考驗、磨難、不安與痛苦，在意圖追求盡善盡美之餘，他多少明白自己追求的善非常難以實踐。

安東尼努斯必須面臨戰爭、瘟疫、謀反、貪汙腐敗等局面，又得肩負治理帝國的重責大任，由此我們不難想像，他必須擁有無比強大的內心，才能幫助自己度過難關。哪怕是世上最有德、最無懼的人，都有心生困惑、脆弱無力之時；不過，這些人正因為有德而無懼，才能永遠執守核心原則，一次又一次從困頓中振作奮起，安東尼努斯就是這樣的人。這位皇帝表示，人生如煙如霧，世上充斥著滿懷欽羨、妒意，而且永不滿足的人，人必須學會知足才能從惡世中脫逃。安東尼努斯其實也充滿困惑，甚至連自己堅持的核心理念都想質疑一番。這樣的狀況在《沉思錄》裡並不多見，但就算是再高貴的貴族後裔，都免不了和日常生活中的殘酷交手，而困惑就是奮力交手後留下的痕跡。我曾經看過一段評論安東尼努斯的文字，說這位皇帝之所以寫下《沉思錄》，是為了在人生中尋求自我慰藉，讓自己能坦然面對死亡。安東尼努斯的確需要慰藉和支持，我們也見證了他獲得慰藉的方式，也就是不斷回歸個人核心理念：相信宇宙是井然有序的，人人都是其中的一分子，也必須遵循無可撼動的宇宙秩序；神所做的一切都歸於善；人與人之間情同手足，必須彼此愛護、珍視，即使別人可能對自己造成傷害，也要想辦法幫對方變得更好。他最後的結論如下（見第二卷）：「什麼東西才能作為人的嚮導？只有一樣，那就是哲學。所謂哲學，能使人的內在神性不受摧殘毀傷，超越痛苦與愉悅，不做漫無目的之事，不虛偽造作，不去在意他人行動或不行動時的心思；另外，還要接受所有事件及命運安排，無論事件來自何處，都要視為與自己系出同源；最後，要滿心歡喜面對死亡，死亡不過是組成活體生物的元素消散的過程。不過，要是元素在不斷互相轉換時毫無損傷，人又何必為了元素的變化與消散惶惶不安？這些純粹是自然法則，無所謂罪惡。」

安東尼努斯心目中的物理學，是探究、掌握宇宙實體的知識，也是如何使人心願意與宇宙實體建立關係的知識。他將宇宙（ἡ τῶν ὅλων οὐσία）[4]命名為「宇宙實體」，又表示掌管宇宙運行的是「理性」（λόγος）；他也提過「宇宙本性」這個說法（見第六卷），還把宇宙稱為κόσμος，也就是「唯一的一切，即一般所說的有序宇宙或秩序」（見第六卷）。他似乎會用這類泛稱來指涉「萬事萬物」，也就是人類能夠想像的一切生命體，但另一方面，他也試圖區分物質與物體（ὕλη, ὑλικόν）之間的差異，及成因（αἰτία）、起源（αἰτιῶδες）與理性（λόγος）之間的差異[5]。這種觀點與芝諾的論述互相契合，即萬物可歸納為兩套基本原則（ἀρχαί），包括會主動運作的事物（τὸ ποιοῦν）及其主動運作時實施的對象（τὸ πάσχον）。實施對象為無形的物質（ὕλη），而能主動運作的則是理性（λόγος），也就是可操縱所有物質、並生成一切事物的永恆神。因此，安東尼努斯所謂的理性（λόγος），能夠貫穿所有實體（οὐσία）、所有時間，並將時間切分成固定長度（公轉週期）來管理宇宙（τὸ πᾶν）。神是永恆的，物質也是永恆的。神替物質造了形象，但創造物質的卻不見得是神。如此一來，神與物質並非互相依存，只是神掌管著物質，最早提出這種說法的是阿那克薩哥拉。這段概念要表達的，基本上是物質與神的存在狀態。物質的起源及性質是個無解的問題，而斯多噶主義者並未在此糾結。我們現在知道，安東尼努斯自己設想了一套事物起源的概念，只是用詞偶爾艱澀難懂。

物質包含了組成一切事物的元素成分（στοιχεῖα），不過，沒有任何一種形體是永恆的。安東尼努斯認為，宇宙實體「太熱衷於改變事物的原貌，並創造出與既存事物相似的新事物。某方面而言，既存事物都是未來事物的種子。可是你內心想到的，只有灑進土壤或子宮的種子，這種想法實在相當粗俗。」（見第四卷）所有事物總是不斷流轉變化，有些會崩解為元素，有些則各適其適，使得「整個宇宙永遠生生不息，圓滿美好」（第十二卷）。

安東尼努斯談到他所謂的「創生法則」（σπερματικοὶ λόγοι）時，使用的詞彙也非常晦澀。他認為，他的創生法則跟伊比鳩魯學派的原子論是對立的（見第六卷），因此「創生法則」所蘊含的概念，並非隨機出現、莫名結合的物質性原子。在第四卷中，他也提到了一些生命法則，包括軀體分解之後，靈魂（ψυχαὶ）會被吸納入「宇宙的創生法則」中。舒茲認為，「安東尼努斯所謂的創生法則，應該是指各種基本元素法則之間的關係；這些關係是由神明所決定的，唯一能孕育出有序事物的正是這些法則」。這大概就是「創生法則」想表達的概念。

安東尼努斯經常使用「自然」（φύσις）這個詞，我們必須試著界定詞義。就字源來說，φύσις 原始的詞義是「創造」，即一般所稱的事物的誕生狀態。羅馬人會用 Natura 這個詞，該詞原意同樣是「誕生」。不過，希臘人跟羅馬人各自想表達的意思，絕對不僅止於「誕生」，就跟今天的我們一樣。安東尼努斯表示（見第十卷）：「宇宙或許是原子之集大成，或許是自成體系的自然本性。但我們得先明白，我是自然本性所主宰的整體中的一部分。」在這段文字中，自然被擬人化了，彷彿化成了一股主動積極的力量，或者，又像是順著某種由神明賜予的力量運作、甚至不依附於神明的事物。假設我的理解正確，現在的人對於「自然」的定義多半是如此，不過，很多作家在使用這個詞的時候，詞義往往不是那麼明確。「自然法則」這個詞也是一樣。

星體的運行，其中包括了所謂的重力、無序形體以元素型態結合並成形，以及植物與生命體的誕生、成長、分解——即一般所謂的死亡。我們在觀看這些過程時，都會察覺到一連串規律的現象，而根據我們現在與過去的經驗，至少就已知的過往經驗而言，這些現象都是恆常不變的。要是情況並非如此，也就是說，如果我們觀察到的秩序及一連串現象，會在無盡的時間長河中變動，而且我們還想像得出變動的狀態，那麼，我們等於從未看見秩序及現象背後的整體，未來也無從察覺之。在一連串現象當中，可能會出現一些偏離現在通稱為「秩序」或「事物本性」的變化，而這些變化都與現象的自然本性，也就是其穩固秩序有關。此外，我們也能想見，這些與事物秩序相關的變化之所以會出現，是因為我們的語言系統不夠完美，必須以變化稱之，但變化其實根本不存在。對於所有現象真正的發生順序，譬如誕生、成長、分解的現象，我們的了解確實是不夠徹底全面，而且永遠沒有徹底全面的一天。

安東尼努斯寫的文字常常不好懂，某種程度上，他不見得完全明白自己在寫什麼。這並不是什麼特別的事，現在也有很多人跟他一樣，會寫出自己和別人都看不懂的文字。安東尼努斯告訴我們（見第十二卷），在觀看事物時要直視其本質，將事物拆解為物質面（ὕλη）、成因面（αἴτιον）及關係（ἀναφορά）或目的面，他想表達的，大概是我們所謂的效果或結果。成因（αἰτία）這個詞相當複雜，無論是充滿洞見的印度及希臘哲學家，還是洞見相對不多的現代哲學家，都曾經用過這個詞或其同義詞，且用法偏向模稜兩可。但真正導致詞義模稜兩可的，應該還是詞彙本身的曖昧性，而非作者思緒不清，因為我其實無法想像，世界上最聰明的人會搞不清楚自己想表達什麼。安東尼努斯認為「某方面而言，既存事物都是未來事物的種子」（見第四卷），他可能想表達某些印度哲學家表達過的概念，這時候，某種深刻的真理就有可能化為通俗易懂的語言。但他又說了「某方面而言」，因此就某方面而言，他的說法是正確的；只是就另一方面而言，如果讀者誤解了他的意思，他的說法就是錯的。當柏拉圖說「沒有事物是處於確定狀態的，只會不斷成為某種狀態」的時候，等於頒布了一道神諭，是可以讓我們悟道的神諭。而這句話一說出口，也摧毀了所有因果概念，包括確實可能成真或假想式的因果概念。對我們來說，思考一連串事物的時候，都必須使用時間框架，也就是要考慮事物的發生順序。在我們的想像或假設當中，事物的某個狀態和另一個狀態之間是存在時間間隔的，因此，就會有優先性與次序、間隔、存有、消失、開始與結束等概念。然而，事物的本性並不包含時間性。事物是永恆不間斷的（見第四卷、第七卷）。安東尼努斯提到「誕生」的時候（第十卷），他想表達的概念是一個成因（αἰτία）首先開始運作，接著由另一個成因接手，使前一個成因進入確定狀態，依此類推。可以想見，安東尼努斯對於所謂的「自然的自行演化力量」，有他自己的一套想法。按照這種想法，所有事物都是經過演化而成的，而且是脫胎於自然或物質，或者源於某種取代神的地位，卻又不是神的東西。

在人心裡頭，或者是人的理性及智慧當中，都有一股超然的力量，這股力量運作時能主宰所有事物。這就是「內在主宰力量」（τὸ ἡγεμονικόν），即西塞羅所謂的Principatus（此為拉丁文）：「沒有其他事物能夠或理應超越的力量。」安東尼努斯很常使用這個詞，也常使用其同義詞。在第七卷中，他將這股力量命名為「主宰智慧」。內在主宰力量是靈魂的主人（見第五卷），人必須崇敬自己的內在主宰力量。既然我們必須崇敬主宰宇宙的力量，自然也必須崇敬個人內在的主宰力量；個人內在的主宰力量，性質就類似於主宰宇宙的力量（見第五卷）。因此普羅提諾斯表示，人的靈魂必須先了解自身，才能夠了解神性。安東尼努斯在書中某一段（見第十一卷）提到，當內在神性被壓制，被無甚崇高又非永恆的內在組織（也就是身體及肉體享樂）牽著走，人就會走向毀滅。關於這點，安東尼努斯會用許多不同的說法來討論，但簡而言之，他的想法正如巴特勒主教所說的「自省或良心所具備的先天崇高地位」、「能審查、允許或否決心靈悸動及生活舉止」的力量。

如果說宇宙是一種具備活力的生命體，那麼在安東尼努斯的書中，我們可以找到不少相關討論。不過舒茲認為，安東尼努斯想表達的意思其實很單純：人的靈魂與身體緊密相連，構成了我們稱之為人類的動物。

根據以上所述，我們可以做出以下結論：宇宙是由天道（πρόνοια）掌管的，一切事物都井然有序。愛比克泰德表示（見《語錄》第一卷），對於每一件事，如果我們能看見各種相關事件，並且抱持一顆感恩的心，就能察覺掌管世界的天道。

但是，假如所有事物真的如此井然有序，世界上為何充滿了所謂的邪惡、形體及道德？如果我們不說世界上存在邪惡，而是改用我之前的說法，也就是世上存在「我們所謂的邪惡」，就能大概知道皇帝安東尼努斯會給出什麼答案了。人生不過短短數年，我們能看見、感受、理解的事物也寥寥無幾，而且非常片面，就算集合了所有人的知識與經驗，相對於無垠無涯的整體而言，也只是比較正向一點的無知而已。理性上，我們知道萬事萬物某種程度是彼此相關、彼此相連的，而且各種關於萬物存在邪惡面向的概念，其實都不合邏輯，因為要是整體源於一種具備智慧的力量，同時由其掌管，事物內部理論上不可能存在邪惡或使整體崩毀的傾向（見第八卷、第十卷）。萬事萬物總是不斷變動，唯有整體恆常不變，譬如太陽系有朝一日會分解為各種組成自身的元素，但到時候，整體依舊「嶄新如往昔」。

所有事物、所有的形都會分解，新的形會跟著出現。一切生命體都會經歷所謂的死亡。如果我們把死亡稱為惡，那麼所有變化都是惡了。生命體也會受苦，人類受的苦更是其中之最，因為同時要受身體和心智的苦。人在和他者的關係當中也會受苦，或許最大的痛苦來源，就是每個人所謂的弟兄。安東尼努斯在第八卷寫道：「大體而言，邪惡傷不到宇宙半分；具體而言，個人的邪惡不會傷到他人半分。邪惡能傷害的，只有本身就邪惡、但只要有意願就能擺脫邪惡的人。」這段話的前半部，和「整體不會蒙受邪惡或傷害」的觀點如出一轍。至於後半部，則必須以斯多噶哲學觀點解釋，也就是「不屬於我們控制的事物，都沒有邪惡可言」。我們因為他人犯錯而蒙受損害時，邪惡的是對方，不是我們。不過，這就相當於承認邪惡是存在的，一個人犯錯的時候就是在行惡，即使其他人能承受某人犯錯所導致的損傷，那麼犯錯的人依舊邪惡。關於犯錯與損傷，安東尼努斯寫下了許多精彩的反思內容（第十一卷），而且想法很務實。他認為，人要接受無可避免的事。他對掌管世界的智慧太有信心了，即使事物出現明顯失序的情形，也絲毫無法動搖他的信念。我們不能否認，物質世界或自然是有其秩序的，可以說是一種組織（κατασκευή）、一般所謂的系統，或者意味各部件之間的關係、整體之於某種東西的適用性。於是，當我們觀察植物及動物的組織，就會發現其中的秩序，而且是為了適用於某種目的而存在。在我們的想像當中，這樣的秩序有時會被干擾，原先預計達成的目的也無法達成。有時候，種子、植物或動物會提前凋亡，來不及經歷各種變化、發揮所有用途。就自然法則來看，有些事物就是會提早凋亡，有些則有機會發揮各種用途，再將任務交給下一棒。這是恆常不變的秩序。人的身體、智能和德性都具備某種組織，適用於特定用途。整體而言，人的一生就是發揮用途、死亡，再讓其他人補位。正因如此，才有社會存在，而社會狀態顯然就等於人類的自然狀態——在這種狀態下，人類得以發揮本性，而社會就算存在無窮的失序亂象，依然不會消亡。或許因為有了過往歷史和當下知識背書，我們才能萌生合理的信心，相信失序狀態總有一天會消失，秩序或運作規律會變得更加穩固。我們可以這麼說：穩固秩序實際上或表面上有可能偏離常軌，但始終存在於事物的整體本性之中，在我們眼中的失序或邪惡，其實根本不會動搖事物組織中的本性或穩固秩序。沒有人會因為世上有失序存在，就認為秩序不存在，因為無論過去或現在，我們每天都會經驗到物質或道德秩序。我們無法想像宇宙秩序為何能持續，甚至無法想像人生為何能日復一日走下去，或者自己為何能做出最基本的肢體動作，為何能成長、思考、行動，雖說對於執行這些功能需要具備的諸多條件，我們其實知之甚詳。我們對內在不可見的力量一無所知，除非這股力量起了作用，我們才能略知一二；因此，對於在所有時間與空間中作用的力量，我們同樣一無所知。不過，當我們觀察已知事物時，如果發現了其中存在的本性或穩固秩序，就等於回歸了心靈的本性：我們的心相信，宇宙本性具有某種恆常運作的成因，但人無從想像失序或邪惡存在的原因。我認為，安東尼努斯想表達的概念大致上是如此。

邪惡源頭為何的問題由來已久。阿基里斯對普里阿摩斯（見《伊里亞德》第二十四卷）說，宙斯手上有兩個桶子，一桶裝了好東西，另一桶裝了不好的東西，宙斯會從哪一桶拿什麼東西出來給人，完全看自己的心情。人無法動搖宙斯的意向，所以我們必須知足。某位希臘評論家曾經表示，這種觀點和《奧德賽》第一卷裡的說法有落差，我們究竟要如何看待才好？因為在《奧德賽》裡，眾神之王表示「人類以為邪惡源自於我們，但其實是他們自己的愚行引起的」。這問題的答案倒也簡單，這位希臘評論家肯定能明白。作者分別讓阿基里斯和宙斯開口，抓準時機對其他角色發表意見，就像宙斯直言不諱的，人類總是會把自己的痛苦怪到眾神頭上，可惜這個做法大錯特錯，因為人會痛苦其實是自找的。

愛比克泰德在《手冊》裡稍微談了一下邪惡。他表示：「設定目標並不是為了錯失目標；宇宙間會存在邪惡本性，道理也是如此。」對不熟悉愛比克泰德的人來說，這段話看起來肯定很晦澀，但愛比克泰德一直都知道自己在說什麼。我們設定目標不是為了錯失目標，但這件事不是不可能發生。愛比克泰德認為神存在，而且不會以自毀目標的方式來建構所有事物。很多我們所謂的邪惡事物，或是愛比克泰德說的邪惡本性，其實是不存在的；換言之，邪惡並不屬於事物組織或本性的一部分。辛普利修斯認為，即使事物組織內確實存在惡的概念（ἀρχή），但這樣一來，所謂的惡就不再是惡，反而是善了。

《沉思錄》第二卷的文字，大致涵蓋了皇帝安東尼努斯的所有想法：「如果眾神真的存在，那麼告別眾生也不是件可怕的事，因為眾神不會將你捲入邪惡之中；但是如果眾神不存在，或者祂們壓根不在乎塵世的紛紛擾擾，那麼活在無眾神亦無神意的宇宙裡，對我來說有什麼意義？然而，眾神確實是存在的，而且祂們關心人間的一切，也將各種力量灌注給人，使人不至墜入真正的惡當中。對於其他的惡，假設世上真的存在邪惡的事物，神也會努力使人不墜入其中。人絕對具備足夠的力量，讓自己不至墜入邪惡當中的。如果這些邪惡事物不會使人墮落，又怎麼可能讓人生變調走樣呢？但宇宙本性不可能無知到沒發現這些邪惡事物，也不可能因為心知肚明，卻無力抵擋或糾正這些事物而略過不察；宇宙本性不可能因為缺乏控制力或技巧，使好事和壞事隨機發生在好人和壞人身上，不加區分，宇宙本性不可能鑄下這番大錯。但生死、榮辱、苦樂這些事物，尤其死亡，必然都會發生在好人與壞人身上，也無所謂讓人變好或變壞。因此，這些事物既不善良，亦不邪惡。」

安東尼努斯的倫理哲學，基本上是由個人核心原則所衍生的，終極目標都是追求順應自然本性（包括人及宇宙的本性）的生活。所謂順應自然本性而活，相當於順應人的整體本性（而不單是部分本性），同時崇敬引領所有個人行動的內在神性。安東尼努斯在第七卷中表示：「理性動物的每一個行動，都是既符合自然本性、又符合理性的。」凡是違背理性的行動，都會同時違反自然本性，而且是違反自然本性整體；當然，這樣的行動肯定符合人類本性的某個部分，否則根本不可能付諸實行。人類活在世上就是為了行動，不是為了怠惰或享樂。人必須像植物和動物一樣，好好發揮自己的本性（見第五卷）。

人必須同時順應宇宙本性而活，也就是順應一切事物的本性而活，因為人也屬於這些事物。此外，人是政治社群的一分子，在生活及採取行動時都必須考慮周遭的人，因為為身邊的人而活也是人生目的之一。人不能自我孤立，不和同胞們往來。人必須時時考量整體，努力完成個人責任。所有人都是自己的手足，因為彼此不但血脈相連，甚至都存活在同樣的智慧當中、歸屬於同樣的神性。人其實不會被自己的弟兄傷害，因為其他人的行為不會讓自己變壞，自己沒必要因此發怒或怨恨對方：「因為我們生來就是為了同舟共濟，如同雙腳、雙手、上下眼瞼、上下排牙齒一樣。所以，人與人互相作對是有違本性的，更會使人自尋煩惱、彼此閃躲。」（見第二卷）

安東尼努斯寫下許多不同的段落，告訴我們要原諒他人造成的傷害，而且眾所周知的是，他一向都親身實踐個人理念，並試著教導我們如何實踐。當我們蒙受傷害，內心會感到憤恨不平，這種感受是很自然、合理的，對於維繫社會運作十分有幫助。這樣的機制能讓犯錯的人發現，原來犯錯必須承擔各種後果，包括遭受社會譴責、承受受害者的憎恨。但就報仇這個詞的原意來看，我們不能真的動手報仇。安東尼努斯說：「報復他人最好的方式，就是不要讓自己變得像對方一樣。」他的意思顯然不是人應該動手報仇，而是要對把報仇掛在嘴邊的人說，不要步上犯錯者的後塵。安東尼努斯在第七卷中說：「當別人錯待了你，請你立刻想一想，對方是出於何種善惡觀才犯錯的。你一旦想到這一層，就能同情對方的處境，不會因此詫異或發怒。」安東尼努斯並未否認犯錯會激起他人的憤恨情緒，事實上，他建議要思索犯錯者的心靈狀態時，就已經隱含了這個層面；當人思索了這件事之後，就不會感到憤恨，反而會長出同情心。憤怒是與生俱來的情緒，人人都會發怒；然而，大家可將憤怒視為警訊，用來提醒自己不要誤入罪惡歧途。對於犯錯這件事，皇帝安東尼努斯的觀點可以總結如下：犯錯的人不懂何謂是非善惡，他們總因為愚昧無知而觸怒人，從斯多噶哲學的角度來看，這的確是事實。雖然在法律上，愚昧無知不可能當作卸責的理由，更不應該成為所有人琅琅上口的開脫之詞，但人即使蒙受了巨大傷害，依然具備寬恕加害者、又不報復社會的能力。當受害者願意寬恕加害者，是因為他明白對方愚昧無知，不懂自己在做些什麼。

皇帝安東尼努斯的道德哲學觀既不軟弱，也不狹隘。他強調，人應該直接看顧自己的幸福；雖說一個人能否過得幸福或寧靜，是間接取決於他能否按照應有的樣子過活。人必須順應宇宙本性而活，也就是安東尼努斯經常說的，人的行為實踐必須順應自己與其他人真正的關係：人既是政治社群的一員，也是人類共同體的一部分。這段話背後的涵義，安東尼努斯已經透過許多強烈措辭點出來了：只要一個人的言行有可能影響他人，就必須制定相關規範加以約束，使其順應社群的存續需求及利益需求；所謂社群，不但包括個人所屬的特定社群，更包括全人類。想要順應上述規範過活的話，人就必須發揮理智能力，仔細判斷自己和他人的行動會造成哪些影響及後果。然而，雖然人必須時常獨自靜心思考，並透過思緒洗滌心靈，但光是鎮日沉思冥想是不行的；人不能不投入實際工作當中，與他人共同努力，追求共同善。

人應該要找到自己的人生目標，並將所有精力投注在目標之上；當然，這個目標必須是好的（見第二卷）。沒有固定人生目標的人，就無法建立獨特樣貌、一生維持同樣的生存狀態（見第十一卷）。在培根看來，如果想找到自己的人生目標，最好的手段是「將心靈縮減到只剩下正直及美善的狀態；換言之，揀選既美善又正直的人生目標，作為實踐自我的參考方向，是理性人士能力之所及」。一個人年輕時只要夠睿智，懂得利用各種機緣實踐上述概念，就能活出快樂人生。但皇帝安東尼努斯也明白，人年輕時很難具備成熟智慧，因此他勉勵自己能實踐就要盡量實踐，莫待人生逝去時才採取行動。能夠替自己定出既美善又正直的人生目標，並忠於志向的人，絕對能夠同時順應個人及宇宙利益而活，畢竟就事物本性而言，個人利益和宇宙利益都是同一件事，所謂「對蜂群有害的事物，對單一一隻蜜蜂同樣不利」（見第六卷）。

以下再引一段本書內容，這個話題便可暫時告一段落：「關於我自己，以及必定發生在我身上的事，若眾神已經全都安排好了，這樣的安排就是妥當的，畢竟，我們實在難以想像一位神會缺乏先見之明。至於對我有害的情形，他們為何決定如此對我？他們這麼做，對自己或對宇宙整體有什麼好處？他們的旨意有何特殊目的？要是他們的安排不是為了我個人著想，至少肯定是為了宇宙整體；在眾神安排下發生的事，我理當欣然接受、安心知足。然而，倘若眾神從不做任何安排——只是，這是種不敬的想法，因為當我們如此相信時，就有可能不再獻祭、祈禱、對神發誓，或不再從事其他敬神的行為，畢竟我們目前會從事這些行為，都是因為相信眾神存在，而且與我們休戚與共——如果神所安排的事都與我們無關，我也依然能安排關於自己的一切，並思索真正有益的事：能順應每個人內在組織（κατασκευή）及本性的事，就是真正有益的事。不過，我的本性既有理性的一面，也有社會性的一面；只要我是安東尼努斯，我的城邦及國家就是羅馬；只要我身為人類，我就是世界。對這些城邦有益的事物，對我個人同樣有益。」（見第六卷）

人只要發揮悟性，再透過德性實踐，就能讓自己更臻完美。發揮悟性的方式五花八門，但沒必要分析皇帝安東尼努斯分別給了什麼意見，因為這樣做太枯燥了。在本書中，討論悟性發揮的段落俯拾即是，只是這些段落頗為零散，毫無組織可言，讀者必須多花時間翻閱全書，才能挖掘出所有相關內容。關於德性，我還想再補充一件事。當我們認真探究除了德性之外的所有事物，就會發現這些事物對人生的幫助少之又少，其中多數更是不值一提。德性是一個不可分割的整體，本身已具備完足狀態。我們不能把德性當作飄忽不定的概念，因為人光是想對自己充分解釋何謂德性，或是想在推廣概念時不引人鑽牛角尖，都顯得困難重重。德性就是一個整體，其單純、圓融程度不下於人的智力。只不過，我們常常將人的智力細分為不同的功能，以便描述各種成就究竟展現出人類的何種心智能力。同樣地，為了方便起見，我們也會將德性分為許多美德或細分出不同面向，讓人明白自己應該實踐哪些美德，才能發揮出人類與生俱來的能力，將德性整體轉化為行動。

就人的內在組織而言，其首要指導原則是社會性；其次是不要輕易屈從身體指揮，尤其是當身體的命令牴觸了掌管一切事物的理性原則；第三則是不要犯錯、不要受騙上當。皇帝安東尼努斯在第七卷中表示：「請讓理性主宰原則依上述法則前進，並使之保有專屬自身的事物。」他把公平正義視為最根本的美德（見第十卷），不過在比他早得多的時代，就已經有人提出這種觀點了。

談到公平正義，確實，每個人都有自己的正義觀，會認為人心傾向追求公平正義，而且要將此傾向轉化為行動；可惜經驗證實，一般人的正義觀其實很混亂，行動時的方針也和真正的正義觀有落差，也就是從觀念到行動都缺乏一致性。相反地，安東尼努斯的正義觀就很清楚明白，只不過對全人類而言不夠實用：「讓內心平靜，不受外在事物干擾；執守公平正義，讓源於內在因素的行動保持公正；換言之，讓自己的意向與行動皆為社會服務，因為這樣做才符合你的本性。」（見第九卷）安東尼努斯非常重視實踐真理，因為實踐真理本身既是美德，更是一種培養美德的方法。他說的完全沒錯，因為撒謊有損悟性，即使為了無足輕重的事撒謊亦然；如果人惡意撒謊，更會構成數一數二嚴重的悖德行為，因為這代表當事人已經養成撒謊習慣，而且容易遭致不良後果。對安東尼努斯而言，正義和行動必須兩者並行。當人懂了一點公平正義的道理，切莫為此沾沾自喜，而是必須透過行動實踐正義。只要能做到這點，其實也就夠了。

在斯多噶主義者看來，包括安東尼努斯在內，有些事物是美好的（καλὰ）、有些事物是醜陋的（αἰσχρὰ）；美好的事物屬於善，醜陋的事物則屬於惡或壞（見第二卷）。對某些更嚴謹的斯多噶主義者來說，無論是善是惡，所有事物肯定都在人的控制範圍之中；對觀念比較接近一般人的斯多噶主義者來說，只有在某些情況下，人才能夠控制所有事物。總之，某些人的控制力在某些情況下較強，某些人的控制力在某些情況下較弱。斯多噶主義者強調人有自由意志，能掌控位於個人控制範圍內的事物。面對個人控制範圍外的事物，人的自由意志如果依舊轉化為行動，就不符合自由意志的定義了。在安東尼努斯心目中，人的自由意志究竟是怎麼一回事，我們大概已無從得知；不過，凡是不在我們的控制力（ἀπροαίρετα）範圍內的事物，全都是中性的，不具備道德意義上的好或壞，包括生命、健康、財富、權力、貧窮、死亡在內。每個人都會經歷生死，而無論好人、壞人，或者是否順應自然天性過活的人，都可能擁有或經歷健康、財富、疾病與貧窮。皇帝安東尼努斯表示：「生命就是一場戰爭、一名過客的寄居，一切名聲終遭淡忘。」

（見第二卷）他提了幾位死前不斷摧殘世界的人，接著談了幾位哲學家之死，包括赫拉克利特、死於害蟲的德謨克利圖斯，以及同樣死於害蟲（此處意指死對頭）的蘇格拉底。然後，安東尼努斯說：「這一切有什麼意義？你都已經登了船、走完了航程、抵達了彼岸，快下船吧。即使你抵達了來世，眾神依然不會從你身邊消失。但是，當你踏入了麻木無感的世界，你將不再受到苦與樂折騰，也不會再被壞皮囊奴役，尤其本來應該掌管皮囊的，卻反過來服侍皮囊，還真是壞上加壞，因為前者是智慧及神性，後者則是塵土及腐朽。」（見第三卷）人真正該怕的不是死亡，而是無法順應天性而活（見第十二卷）。人活著，就應該心無旁騖，努力完成個人職責。人活著，就得隨時做好死亡的心理準備，當死亡向自己招手了，也要能安然離世。死亡究竟是什麼？那就是「因感受而起的心像、牽動體內神經的欲望、全力翻騰的思緒、以及對肉體的順從服侍等情形皆不復存在。」（見第六卷）死亡如同誕生，都是一種自然的奧秘（見第四卷）。

我甚至覺得，對於斯多噶哲學所強調的「透過行動探索本性」（也是某些斯多噶主義者會實踐的理念），安東尼努斯並未給出具體結論。讀者會發現，本書有些段落稍微牽涉到這個議題，作者看似也深入討論了。不過，皇帝安東尼努斯很多時候還是偏好靜觀其變，直到生命結束的那一刻；而這樣的態度，和他的核心理念是一致的，也就是人必須接受命運的安排，要趁在世時做出對世界有益的事。

斯多噶主義者不會主動謀求幸福，斯多噶哲學也沒提過「人應該替自己謀幸福」這項原則。很多人以為自己謀的是幸福，事實上，他們不過是在滿足個人欲望，而且還是其中最強烈的欲望。如前所述，人生的目標是順應天性而活，只要能做到這點，幸福、心緒平靜、安然知足等狀態自然手到擒來（見第三卷、第八卷）。人要是想順應本性而活，就必須熟悉四大基本美德與其內涵：智德，即明辨是非善惡；義德，即給予他人應得之物；勇德，即耐心勞動、承受痛苦；以及節德，即凡事節制。斯多噶主義者因為順應了天性而活，因此實現了自己所有的心願。能過有德的人生，就是他們辛勤努力的回報，他們也心滿意足。某位古希臘詩人曾寫過這樣的詩句：

全人類之德性，
其回饋皆不假他求。
努力求德，德性便會給予回饋。

的確，某些斯多噶主義者談起圓融智慧時，總是顯得趾高氣昂、故弄玄虛，簡直以為自己就是神⑥，但是，他們明明只是傳道授業的講師而已。這種說話動聽、對人世一知半解、一天到晚沽名釣譽的人，每個時代都有。相反地，愛比克泰德和安東尼努斯不但著書立說，還以身作則，努力精進自己、幫助他人，就算他們的觀點有不足之處，光看他們傳道授業的努力，就值得我們敬重這兩位大人物。是他們讓我們知道，人的本性或事物組織內部都具備足夠的理性，能引領我們過有德的生活。一個人如果不常動用反省能力、仔細檢討自己的行為，要按理想的方式過活肯定不容易，遑論因此感到心滿意足。我們或許無法統一每個人的道德觀，但要是有可能說服大家，我們不妨多舉出一些好理由；至少，這麼做也是功德一件。

① 在此，我暫且略過尼祿的家教塞內卡不提。塞內卡也算是所謂的斯多噶主義者，曾留下許多名言錦句。格利烏斯曾經點評過塞內卡（《阿提卡之夜》第十二卷），同時呈現了某些人對塞內卡哲學的想法，內容基本上偏向負面。解讀塞內卡的著作時，必須一併參考他的生平背景，此處暫時不對其多做評論。

②原文為ἐπὶ πάσης φαντασίας。英文裡沒有能對應φαντασία的詞彙，因為這個詞不但指涉外在事物（即τὸ φανταστόν）觸發的感官印象，更涵蓋了當外在事物不在眼前時，個人內心對該事物產生的感受或意念。在此情形下，能觸動靈魂的事物都稱為φανταστόν，且會引發φαντασία。

③希臘文原文為φυσιολογεῖν, παθολογεῖν, διαλεκτικεύεσθαι。我把παθολογεῖν翻譯成「道德（倫理）」，直接點出原文的涵義。

④在此列舉幾個安東尼努斯使用οὐσία一詞的實例：第十二卷提到，在無數個形體之間遍布著「一種共同實體」。斯托比亞斯（Stobaeus）曾替該詞下過定義：「第一世中的事物的實體」（οὐσίαν δέ φασιν τῶν ὄντων ἁπάντων τὴν πρώτην ὕλην）。在第八卷，安東尼努斯提到τὸ οὐσιῶδες καὶ ὑλικόν，即「實體與物質」；在第七卷，他表示「所有物質」（ἔνυλον）皆會消解於整體的實體（τῇ τῶν ὅλων οὐσίᾳ）當中。οὐσία一詞，是我們對於崇高或終極存在狀態的通稱，因為我們無法想像在οὐσία之外還存在同樣甚至更高的層級。這裡的「實體」，完全是從哲學觀點出發的，我們在想像事物的根本或存有時，最後都會使用這個詞來命名。

⑤在我看來，這些通稱詞實有彼此矛盾之處，容易造成誤解。所謂「唯一的一切」等說法，包括所謂的「整體」（whole），都蘊含了「有限」的概念。「唯一」是有限的、「一切」是有限的，「整體」也是有限的，這是免不了的情形。對於無法充分想像的事物，我們是找不到適當的命名方式的，即使加上「絕對」或其他類似說法，一樣無法解決問題。我們可以想像事物的存在，即使辦不到，也應該感覺得到事物的存在，只是對存在的了解還不恰當。所謂「恰當」，指的是與事物範圍相同、等級相同的狀態。所謂物質所占據的空間，形成了我們對有限空間的認識，但是對於絕對空間（容我暫時這樣稱呼）我們其實毫無概念。我們對無限空間也同樣毫無概念，只是我們依舊抱持想像（我不知道如何辦到），認為空間是無限的，而且不相信空間是有限的。

⑥在《語錄選》的〈談真宗教的卓越性與高貴性〉（the Excellency and Nobleness of True Religion）文章中，約翰・史密斯討論了斯多噶主義者的傲氣，包括塞內卡等人。他認為塞內卡傲氣逼人，愛比克泰德稍稍如此，而安東尼努斯則毫無傲氣。

沉思錄

世界名人、國家級領導人、各大企業領袖隨身書，羅馬哲學家皇帝淬鍊一生的智慧經典

Meditations: The Thoughts of the Emperor Marcus Aurelius Antonius

作者　馬可斯 · 奧理略 · 安東尼努斯（Marcus Aurelius Antoninus）
譯者　柯宗佑
總編輯　汪若蘭
執行編輯　陳思穎
行銷企畫　許凱鈞
封面設計　陳文德
版面構成　綠貝殼資訊有限公司
發行人　王榮文
出版發行　遠流出版事業股份有限公司
地址　臺北市南昌路 2 段 81 號 6 樓
客服電話　02-2392-6899
傳真　02-2392-6658
郵撥　0189456-1
著作權顧問　蕭雄淋律師
2019 年 4 月 1 日　初版一刷
定價新台幣 300 元

ISBN 978-957-32-8484-0
遠流博識網 http://www.ylib.com E-mail: ylib@ylib.com
（如有缺頁或破損，請寄回更換）

遠流出版公司

國家圖書館出版品預行編目（CIP）資料

沉思錄：世界名人、國家級領導人、各大企業領袖隨身書，羅馬哲學家皇帝淬鍊一生的智慧經典╱馬可斯 · 奧理略 · 安東尼努斯（Marcus Aurelius Antoninus）著；柯宗佑譯 . -- 初版 . -- 臺北市：遠流，2019.04
304 面；14.8×21 公分
譯自：Meditations
ISBN 978-957-32-8484-0（平裝）
1. 安東尼（Antoninus, Marcus Aurelius, 121-180） 2. 學術思想 3. 哲學
141.75　　　108003039